佛心

朝比奈宗源

春秋社

まえがき

むかしから禅では、その修行の純粋さをたもつために、真実に修行するものはそう多くあるものではないから、一人でも半人でも真実の修行するものを目当てにして、決して多くの弟子を得ようとするなと、きびしく戒めております。禅の本領とする宗旨を、あやまりなく後世に伝えようとするには、これは当然まもられなければならないところで、その用心の必要さは今も変わりはありません。

しかし、その一面、〝草の庵にたちてもいてもいのること、われよりさきに人をわたさん〟と、道元禅師が歌われましたように、一人でも多くの人に正しい教えを伝え、安心を与えてあげたいという願いは、衆生はかぎりはないが誓って済度したいという四弘誓願《しぐせいがん》の第一の精神で、また仏教徒の夢にも忘れてはならないところです。この一見矛盾したように見える願いは、いったい、実際にはどう果たされるべきでしょうか。

釈尊の根本仏教が、発展して大乗仏教となり、今日に見る諸宗派を形成しました。そこには釈尊の教えの根本である悟りが、華厳や天台のように高く広い義解の哲学的な宗派となったり、浄土や真宗のように純粋に信の世界としてあつかわれたり、また禅のようにきびしい行を通じての修証《しゅしょう》となったりしました。その結果、実際にはどう信者を安心せしめているかといいますと、信の立場をとる宗旨では死後の往生浄土によって、行の立場をとる宗旨では即身成仏《そくしんじょうぶつ》、すなわちこの身がこのまま仏であるという悟りを体得させるにあるのであります。

私のように禅をおさめたものから見ますと、浄土系の教えは、阿弥陀如来の誓願によって、仏心すなわち悟りを象徴して、その人心の機微をとらえた説き方は、まるで枇杷《びわ》の実の皮をむき、核をとって肉ばかりにして、口に押しこんでやるようなやり方で、相手がこれをぐっと飲みこみさえすればよい。これ以上たくみな親切な教えはなく、しかも真実なのでありますが、現代人のようにすべてに仮説をきらい、真実をつきつめなくては承知できない人々には、西方に極楽浄土があるというような説き方では、ついていきにくいのではないかと思います。

またそれでは、すべての人が坐禅して悟りを得るまでいけるかというと、これも実際としては、まっさきにいいましたように、専門家ですら容易でないのですから、一般信者に困難なことは明らかです。それで現在では、それらの理由からくる教化力の不足でせっかくの立派な大乗仏教も、社会大衆とは縁のない浮き上ったものとなり、大衆はいかがわしい新興宗教に引きずりまわされているのであります。

この仏教の行きすぎた信と行との分離をもとにもどし、信と行とを一如《いちにょ》したものとし、仏教本来の合理性、実践性を回復することは、仏教を現代に生かす道であり、また仏教の使命を果たす所以で、釈尊の精神にそうものであると思います。

この小著は、そうした信念にたつ私が、新しく書いたものと、先年来、折りにふれて雑誌などに書いたものとをあつめたもので、内容も文体もととのってはおりませんが、ただ私の修行と体験とから、こうした決定《けつじょう》に達したという、私の生活の報告であり告白であります。

むろん、その根本の教義は従来の仏教といささかも変わりませんが、その実践の上に信と行と相即した立場から、一歩すすめて信を根本として、ひろく大衆を仏道にみちびこうとしたところに、私の主張があるのであります。

実は終戦後、国内が混乱し、大衆の生活がひどく動揺しました時、私は従来の禅の伝道だけでは、仏教の使命は果たせないと思い、禅書の提唱や講義のほか、わかりやすく仏教を説くことにし、毎月第一、第三日曜をその日として、今日まで十余年続けてまいりました。それにはできるだけ用語をたやすくし、仏教を正しくひろく理解させたいとつとめました。ありがたいことに、その反響は思ったよりつよく、毎回多くの聴衆があつまり、わかりよい仏教の信心としてふかく信じてくれる人も相当に出てまいりました。それにつれてあちこちから手紙をもって質問してくる人々もふえ、一々これに答えることは困難になりました。それでまだ不完全なものでありますが、とりあえずこの書を刊行して、そうした方々に答える手紙に代え、またひとりでも多くの人にこの信心を味わってもらいたいと思いました。

今、この文を書いている私の頭の中には、若い身で不治の病をいだいて病院にねている友人、老いて孤独な友人、心身に障害のある子供をもって悩んでいる友人、不良な子息をもって苦しんでいる友人、愛児を失って悲しんでいる友人、等々、その他多くの不幸な人々の顔が浮かんでいます。人生は淋しいし悩みが多い。どうか、このまずしい書きものも、そうした人々に心の安らいを得させ、なぐさめを与えるよすがとなるようにと念じます。

釈尊の教えは偉大です。からなず私の念願にそうものがあることを信じます。もしそれがかなわなかったら、私の修行が未熟で、信心の味わい方が不足のためにほかなりません。

昭和三十四年三月

朝比奈宗源

佛心——目次

佛心

信心問答

衆生本来仏なり

問　人間の死後はどうなるでしょうか。

答　あなたはなんでもなくお尋ねのようですが、これは人間の大問題です。あらゆる宗教はこの解決のためにおこったといってもいいすぎではありませんし、また仏教にとってもこの問題はその中心をなすものです。

お互いは生きています。本当はこの生きていることがすでに不思議なのです。起《た》ったり、坐ったり、喜んだり悲しんだりしていますが、これはいったいなんでしょう。孔子は、「いまだ生を知らず、いずくんぞ死を知らん」といわれましたように、順序としては現在、何がこうしているのかという疑いが先におこるべきですが、たいがいの人は生きているものが「私」とか「自分」とかよぶ自己があって、それはもうわかっているように思い、あらためて問題にしないで、その生きていることの延長であり、変化である死をば、死んだあとはどうなるであろうかと、問題にします。失礼ですが、あなたもおそらくそうではないでしょうか。

しかし、それはそれとして、こうして死後はどういうものかを、明らかにしようとする気持ちは大切なことです。

私は仏教を学んだものです。その信じているところを申し上げてお答えとします。仏教をお開きになった釈尊は、今から二千五百余年前、インドの北の地方の小さい国の皇太子としてお生まれになった方で、ご健康でもあり頭もよく、年頃になるとヤスダラ姫という才色双美のお妃をむかえ、ラゴラという王子ももうけ、人間としてはまず恵まれた境遇のお方であったのですが、人間の運命、つまり生きている間の幸不幸、死後はどうなるか、ということを疑われ、これを解決したいために、王位の継承者という地位も、家庭の楽しみもすてて、一求道者として修行されたのであります。

その時代のインドの宗教は、種々の教えがありましたが、バラモン教がもっとも勢力のある宗教でした。その教義をかいつまんでいえば、梵天という最高の知恵と権力とをそなえた神があり、人間はその神の保護や恵みによって生きているもので、人間の生命も運命も、その神の意志によって、長くも短くも、良くも悪くもなるとされ、民衆は直接神をまつり、神に仕える宗教者にたのんで、いけにえを供えたり、讃歌をうたったり、荘厳な儀式をしてもらったりして、神の意志をむかえ、御機嫌をとって、神の恵みの自己に厚からんことを願うのでした。

しかし、釈尊は宇宙のものごとをくわしく観察し、すべてのものごとは、できるにはできる条件（因縁）がそろってでき、続くには続く条件がそろって続き、変化したり滅びたりするには、またそれぞれに必要な条件がそろってそうなるもの、決して特別の造物主のような超越的な人格者があって支配するものではないと判断し、そうした神の存在を否定し、それらをまつって人間の長生きや幸福を祈ることは意義がないと考えられ、従来の宗教には満足できませんでした。

それではそうした見解をとったら、人間の悩みである生に対する執着や、死に対する恐怖がのぞかれたかといいますと、そうはいきません。同じように宇宙の間に、前に述べたような条件によって生まれていながら、木の葉は繁っては落ち、花は咲いては散っても、いささかも悲しみも憂いも示しませんが、人間には意志や感情があって、生まれたり生きたりすることには喜び、死んだり衰えたりすることには悲しみ、自分もまた宇宙の万物と同じ法則の前にあるのだという理解とは別に、いいかえれば、知的には、いくらもがいてもその法則の外に出ることはできないとわかっていながら、ただ理由なく、盲目的に、死は不安であり、死はいやだともだえるのであります。

ここまできて釈尊は、その探究の眼をこの人間の盲目的な意志、普通お互いが「私」とか、「自分」とかよんでいる、見たり聞いたり、話したりしているものの上にそそがれることになりました。いったいこの見たり聞いたりしているものは何であるか、本当にそんなものがあるのか、それとも仮りのものか、ということの究明にかかられました。これがいわゆる坐禅の修行であります。これはお互いの生活にあてはめてみればわかるように、きわめて手近なことでありますが、いざとなると非常にむずかしいことであります。

釈尊は正確にはわかりませんが、だいたい二十九歳に出家され、三十五歳に成道《じょうどう》、つまり悟りを開かれたということになっておりますが、その中間の六年間は、もちろんほかの宗教の研究も苦行とよばれるような修行もされたでしょうが、上述の「我れ」とは何であるかということの究明には、もっとも多くの力と時間とをもちいられたようで、あの降《ごう》魔《ま》成道といわれる、多くの悪魔の誘惑との戦いや、その調伏《ちょうぶく》は、人間的欲望、権力や名誉や、肉体的享楽やへの回想の断伏をも意味しましょうが、きっともっとふかくわが意識の実体はどんなものか、有るか無いかという根本の問題の追究に骨を折られたと思います。

その過程の記録をくわしくここに述べることはできませんが、釈尊はついに悟られて、人間の最大の苦悩である生死の難関を越えられたのであります。

では、どう悟られたかというと、つねにお互いがたよりにし、お互いの生活の根柢としている、意識そのものには実体はなく、その意識のつきたところに、永遠に変わらない、始めもなく終りもなく、つねに浄らかに、つねに安らかに、つねに静かな光明にみたされている仏心《ぶっしん》があるということを悟られたのであります。

しかもその仏心は悟られた釈尊だけでなく、人間という人間、いや人間ばかりでなく、あらゆる生ある者はみなこの仏心をそなえていると、悟られたのであります。つまりこの悟りによって、釈尊は自己の生命の問題を解決されたばかりでなく、すべての生物の生命の根本をも解決されたのであります。

これは実にすばらしいことで、人類があってからこのかた、釈尊の悟られたように、人間にこうした偉大な力のあるということを、発見した者も、説いた者もありませんでした。釈尊もその悟りの心境のあまりに尊く、すばらしさに、その悟りをされた菩提樹の下に坐ったまま、七日の間うっとりとして感激にひたり、その法味を味わわれたといいます。

私は今、その悟りの境地を指すに仏心という言葉をもちいましたが、実はこの仏教成立の根本である悟りの境地をよぶ言葉は、仏性《ぶっしょう》、法性《ほっしょう》、自性《じしょう》、法身《ほっしん》、真如《しんにょ》、涅槃《ねはん》などと非常に数が多く、仏心もその一つであります。その中で仏心がいちばんわかりよく、親しみがあると思いますから、私は近年、もっぱらこの言葉を用いることにしております。

仏心はこうした絶対なもので、私どもは、仏心の中に生まれ、仏心の中に生き、仏心の中に息を引きとるのでありまして、仏心からはずれて生きることとも、仏心のほかに出ることも、できないのであります。たとえれば、私どもは仏心という広い心の海に浮かぶ泡《あわ》のようなもので、私どもが生まれたからといって仏心の海水が一滴ふえるのでも、死んだからといって、仏心の海水が一滴へるのでもないのです。

私どもも仏心の一滴であって、一滴ずつの水をはなれて大海がないように、私どものほかに仏心があるのではありません。私どもの幻《まぼろし》のように果敢《はか》なく見える生命も、ただちに仏心の永劫不変の大生命なのであります。どなたもご承知のアミダ如来は、かぎりのない生命と、かぎりのない光明の意味、大日如来は、どこにも、いつでもましますという意味の仏号で、いずれもこの仏心を象徴したものにほかなりません。アミダ如来の光明が十方世界をあまねく照らし、その中の衆生を救わずにはおかないという誓いも、仏心のほかには大宇宙の中に、蟻《あり》の鬚《ひげ》一本もないという禅者の見処《けんじょ》を、アミダ如来という人格をとおして説かれたものであります。

こうした仏心の偉大さを仰ぐ信心は、結論として、すべての人はもとから仏であるという断定にみちびきます。多くの宗教は、この神を信じなくては救われないといい、仏教のある派においても、この仏を信じなくては、この経を信じなくては救われない、成仏できないと説きますが、仏心の信心からすれば、人間は特定の神や仏や経典を信じる以前、いな、そうした神や仏や経典の出現以前に、すでに成仏しているのであります。

歴史的な仏は釈尊といえども、この仏心の中に生をうけて、仏心の絶対性、真実性を体験し証明された一人にすぎません。仏心はそれほど絶対的なものです。ですからある人間がそんなものがあるものかと罵倒しようが、絶対にそんなことを信じないと否定しようが、仏心の真理は微動だもしないし、いくら反抗しても、反抗しながら、もろに仏心に帰するので、禅者はこれを、「蝦跳《えびおど》れども斗《ます》を出でず」といいます。桶の中でえびがいくらはねても飛んでも、結局、桶の中のことだというのです。

ここにまだ一つの問題があります。それは倫理の問題です。昔からたいがいの宗教は、勧善懲悪的な要素を含み、信心と同時に、善を行い悪をつつしむべきを説き、はては善いことをするものは浄土や天国に生まれ、悪を行ったものは地獄や煉獄《れんごく》へ行くと説きました。

こうした説き方は、多分に宗教を社会の秩序や、醇風美俗の維持に利用した節《ふし》がありま す。今日でも旧《ふる》い道徳意識の崩壊を、一にも二にも宗教意識の低下によるものとする、ある種の宗教必要論者がありますが、これには十分反省の余地があると思います。私も道徳生活の支柱としての宗教を認めないものではありませんが、うっかりすると、そのほうに力が入りすぎて、宗教の大使命である人間を有限な窮屈な世界から、無限な絶対自由な世界に解放しようという目的からはずれさすおそれがあります。

人間はつねに善いことをしたいと思っても善いことができず、悪いことはしまいと思ってもついするようにできています。その善悪の点数を計算して、プラスなら浄土へ、マイナスなら地獄へでは、はなはだ不安で、その計理士役のエンマ大王には、前もって賄賂《わいろ》をとどけておかなくてはということになり、そこまで考えると、この世で苦しんだ上、さらにあの世に行ってまで苦しまねばならないのでは、死ぬにも死ねないという窮境におちいるのであります。

前のような説き方をするものは、それだから神や仏の愛や慈悲によって救って頂くのだ、その無力のものを救って頂くのだから有難いではないかといいます。ただそれだけならまだよいが、いけないのはその神や仏を信じないものは救われず、必ず地獄めぐりをさせられるという、強迫や脅威がついてまわることで、近頃のある新興宗教などその典型的なものであります。

また、そこまででなくとも、キリスト教の神が万物のほかに超然として存在する創造者であり、支配者であるという伝統的教義には、合理性を重んじる現代人には、ついていけないものがあると思います。

それにもかかわらず神を信じない者は煉獄へ——では、ついため息が出てしまいます。欧米人の間に見る罪悪意識の過剰による苦悩は、その伝統的な教義につちかわれたもので、一神教のもつ偏狭な潔癖性とともに、真の解脱や自由には遠いものだと思います。

しかし、幸いに仏心の信心は、人間を無条件に悪の意識から解放してくれます。この絶対に浄らかな仏心の上には、人間の罪も過ちもその影をも留めません。善悪の観念は、人間の相対的意識の世界にあっては、光の陰のように離れることのできないものですが、意識を超えた仏心の中には、善も悪も二つながら存在しません。

仏さま方の徳をほめて、不可思議とか、不可称量とか申しますのも、この仏心の徳の無限性をほめたもので、善悪を超えた仏心こそ、至上の善、至上の徳の蔵《くら》で、相対的表現しかできない人間の言葉ではいくらほめても、とどくところではありません。仏心はこういうすばらしいもので、仏心の信心は人間を無条件に原罪的、宿命的罪悪観から解放してくれます。

こういうと、それだから仏教徒には倫理的観念がうすくて困る、と非難する人がありましょうが、私は断然申します。お互いは人類がこの地球上に共存する上に、お互いの幸福を守るために必要な道徳や法律は、厳粛に守らなければならないが、人間の天性に根ざす意志や感情の発露のすべてを、罪悪であると考えたり、知性はすでにその道徳や法則が、時代の推移によって無意義になったと知りつくしているものでも、神の言葉や教会の規則であるからといって、それを破れば、死後の霊魂におそろしい制裁が下されるであろうから、というような、無知から来る強迫感にもとづいて、形式的な道徳が表面的に維持されることをほこるような主張には、三文の価値をも認めないと。

仏心の信心からいえば、人間のこうした無知によって仏心の光を曇らせ、人間の尊さを忘れさす罪が最大の罪で、人間を最も不幸にするものだと思います。

死後の生命についての答えが、少しわき途へそれましたが、仏心の信心からすれば、生も死も仏心を離れないのでありまして、「生死《しょうじ》の中に仏あれば生死なし」という語をそのまま、仏心の中の生死は生死ではないのです。古の禅者は「生も全機現《ぜんきげん》、死も全機現」といいました。全機現とは仏心のはたらきが百パーセントあらわれているというのです。また、「唾をはくのも、臂《ひじ》を振うのも、悟りそのものである」ともいいました。禅者は生と死とを二つに見ないのです。

わが円覚寺開山の仏光国師は、おかくれの前に、「老僧が舎利《しゃり》は天地を包む、空山に向かって冷灰を撥《あば》くことなかれ」と歌っていられます。舎利とは骨のことです。昔は今日のように立派な火葬場などはなく、人里はなれた山や野で火葬をし、火が消えてから灰をかいて骨を拾ったものです。それで開山は、わしの骨は天地をつつんでいる仏心がそれである、火葬の跡の冷たい灰などかきまわして、焼け残った骨片などありがたがって拾ってくれるなと、開山の真の生命の在りかを示されたのであります。

また、葛城山の慈雲尊者は、「阿字の子が阿字の都をたちいでて、またたちかへる阿字の故郷」と歌われました。阿字とは密教で大日如来をあらわす文字で、大日如来は仏心を人格化した仏であることは前に述べました。ですから、この歌も、仏心の子が寿命無量、光明無量の万徳ことごとくそなわっている仏心の都から、煩悩や愚痴の多い生活にさまよい出で、正しい教えに会って、またその故郷である仏心へたちもどるということでありま す。

この歌はもひとつ、絶対の仏心の信心から、人間の自然の生活をよんだとも解されます。古歌に、「幼な子がしだいしだいに知恵づきて、仏に遠くなるぞ悲しき」とあるように、人間も幼い間は仏心そのものです。それが年齢とともに知恵分別がついて、いつか仏心の純粋さ絶対さを失い、我他彼此の差別の世界だけを人生と思うようになります。しかし実際は、仏心は人間の意識するとしないとを問わず、その意識生活の裏付けとなっているのであって、信心をもつもたないにかかわらず、人間の死は自然に煩悩のよりどころをなくし、全面的に仏心の都に帰らしめるのだという、不疑の大信心をよんだとも味わえます。

幼児の生活のうつくしいことは、どなたもご承知ですが、この間、新聞の投書欄に、あるお母さんが、二歳くらいの子供を遊ばせながら、外で洗濯をしていると、子供がおしっこをしたいといいましたから、そこでしなさいというと、子供はそのつもりになったようでしたが、急にいやといいます。なぜと聞くと、あちらから石や犬が見ているから、といったとありました。子供の世界では石や犬も、自分と同じなのであります。永嘉《ようか》大師という中国の高僧の詩に、「人、山を見、山、人を見る」という句がありますが、この子供の世界はまさにその境界ではありませんか。

一人の仏が成道して世界を見れば、山も川も、草も木も、みな仏であると経文にありますが、この子供の言葉も、汚れを知らない仏心の、おのずからなる流露であります。

こんなふうに、正しい仏教の信心には、生きている時と死んだ後との区別はなく、同じ仏心の生活が生きている間は自他を見、憎愛を感じ、死後は仏心の浄らかな静かな、いわゆる涅槃の楽しみを受け、永遠に生きどおしに生きているのでありまして、二千五百年あまり前に涅槃に入られた釈尊も、歴代の祖師方も、お互いの先祖も、先だった親兄弟も、友人も、みなこの涅槃の世界、すなわち、お互いの仏心の中に、おいでになるのでありまして、私どもの死後もまたそうであります。

問　仏心の尊いことはわかりましたが、その信心と、私どもの運命、幸せ不幸せとの関係は、どう考えたらよいでしょうか。

答　前にも申しましたように、人間は誰でも幸せになりたいと思っています。世間のすべての営みがそうであるように、仏教もその役割をになっているもので、仏心の信心によって、生命の問題は、前に繰り返して述べましたように解決し、お尋ねの幸せ不幸せの問題は、こんなふうに教えております。

釈尊は宇宙間のあらゆるものごとは、因縁の法則によって、成り立ち、続き、滅びると見られました。因縁とは条件のことで、一輪の花の咲くにも、その花が咲くのに必要な条件がすべてそろってはじめて咲く、もしその条件の何か一つでも欠けていたら咲かない。その花がしぼまずにいるにも、また、しぼんで散るにも、それぞれの条件が必要なのであります。

こういうと、ごく簡単にきこえますが、仏教で因果といってすまさずに因縁というのは、自然界のものごとは、試験管の中でする化学の実験のように一定の原因があれば一定の結果が出るというような単純なものではありません。そこでその因をわけて、直接の条件を因といい、間接の条件を縁といいます。米を例としますと、稲の種モミは因です。稲の種モミがなくては米の生産はできませんが、その種モミを倉にしまっておいたのでは、百年たっても芽は出ません。そこに縁という間接の条件がいります。そのモミを苗代におろし、土や水分、太陽の熱や光が加わって、はじめて発芽します。

その後も生産する人々の世話、そだてるための肥料、害虫や病気をふせぐ農薬、気候、適時な雨風等々、主なる条件を数えるだけでもたいへんですが、その一口にいって片付ける天候そのものも、実は大宇宙に関連しているのでありまして、その意味で、生産者は多年習い覚えた経験や技術で、うまく自然に順応しかつ利用して、作ってくれはしますが、その条件は今日の発達した人間の知識でも、とうてい分析し説明しきれない、無限な広い範囲にわたって、相関連しているもので、その微妙な作用は、文字どおり不可思議というほかありません。その作用は地上に生えた植物や動物を、生かしてもくれますが、また死滅させもします。その無限な条件から、稲の生長に必要な条件をそろえ、反対の条件をのぞいて、はじめて一握りの米もできるのです。

こうした複雑な条件の作用を、昔から神という人格的な偉大な力あるものが、そうしているのだと考え、その意志に従順であることが、その愛や恵みを得るゆえんだと教えた宗教は多くあります。そう見ることも無理はありませんが、ここには神の意志にたより、祈りさえすればものごとも成功し、幸せも得られると思い、その条件の適不適を研究したり、これを目的実現のために総合したりする努力を、第二次的なものとする危険があります。わが国の過去におちいった、日本は神国だから、どこと戦っても敗《ま》けない、などという考えも、その盲点の一つであります。

釈尊はこれを真理でないと考え、因縁の法則を説かれました。因縁の法則にしたがえば、眼に見えないような小さい塵一つも、宇宙に輝きわたる太陽も、みな悠久な時間と、無限な空間とに、因縁の法則に従っておこる現象で、みな同じ性質のものです。お尋ねの幸せ不幸せの問題も、やはりこの因縁の法則の中で、幸せになる条件が総合されれば幸せになり、不幸せになる条件が総合されれば不幸せになります。

もっともこの幸、不幸ということも、何が幸せで何が不幸せかという定義もむずかしいことですが、大ざっぱに、多くの人の漠然といだいている、自分も健康で長生きであり、家族も健康、また物質的にも恵まれ、社会的にも相当な地位も名誉もある、ということを幸せとし、これに反した場合を不幸せと仮定しまして、世の中には前者の条件をそなえた人は少なく、後者の条件をもった人の多いのは、どうしたわけかという問題を取り上げてみますと、健康には両親の遺伝と、生まれて後の保育、また成人後本人の注意いかんが、それを決定します。

これらが全部そろって良ければ申し分ありませんが、遺伝はよくても、保育や養生が悪ければいけませんし、たとえ遺伝が少しくらい悪くても、保育や養生が良ければ良くなります。物質的な富も、社会的地位も、みなそうした関係にあります。親の光は七光といいますように、親のきずいた財力とか、親の占めていた社会的地位とかは、もちろん子や孫にまで影響をもちますが、もし、その子や孫にそれを生かす力量や努力が欠けた時は、親の富や地位は、かえってその人を不幸せにする場合もあります。

また、親の遺徳もあり、その人に相当の力量があり、かつ努力をしましても、その環境や時勢の推移によっては、いかんともできない悲惨な結果を招くこともあります。わが国には少ないが、欧州などにはしばしば見られる、革命に出会った時、処刑された君主たちなどは、その極端な例であります。

このように、私どもの幸せ不幸せの問題も、遺伝、環境、時勢等々の、無限の条件が総合されて、良くも悪くもなるのでして、そこに私どもの意志や努力のものをいうパーセンテージはきわめて少なく、ここに人間の運命は生まれる前から定まっているのだという、宿命論や、すべては造物主のお思召しだとする、お任せ的人生観もおこり、この頃の一部の人々が口ぐせのように使う、これも環境が悪いから、政治が悪いからという、無責任な考えも出てくるのですが、仏教の見方は、そうした条件は条件として、これをまとめて、あるいは幸せにし、あるいは不幸せにする中心は自己にあると考えます。

こういう時、まず多くの人の頭に浮かぶのは、仏教に古くから行われる三世因果の説明だろうと思います。前の世、もしくは前の世のもう一つ前の世につくった善悪の業《ごう》がこの世に影響して、この世の運命を主導的に支配するという説き方です。これは素朴な考えの人には、たいそうわかりやすいのですが、仏教の根本の教え、悟りの本体の仏心の上には善悪はないのですから、私にはどうしてもそのまま受け入れられません。

三世因果を、人間の業――意志や行為の結果の時間的展開だと見れば、肉体的遺伝と同じく、親の意志や行為の積み重ねである人格が、子にも孫にも影響するのは、当然の理だと思えますし、また、私どもの生活の上で、少年時代は青年時代の、青年時代は壮年時代の過去となり、また、その逆が未来として考えられる道理を、ある時の一点を現在とし、それ以前を過去すなわち前世とし、さらにさかのぼった過去を前々世と解釈することもできますが、AとかBとかいう霊魂が、縫い針が布をぬって通るように、あっちに生まれ、こっちに生まれして、特定の業を代々にわたって引き継いでいくということは信じられません。

しかし、それがなくとも、因縁の道理は、善悪の条件が、ある程度、善には善の、悪には悪の結果をもたらす必然性を認めながら、その上でそれらを撰択取捨することによって、悪い運命を良い運命に改造する可能性を信ぜしめるもので、人間の求めてやまない、幸福、自由への希望の門を開くものだと思います。

今、私は運命を改善する中心は自己であるといいましたが、この自己はいうまでもなく、お互いが「私」とか「おれ」とかの自覚をもって、いったりはたらいたりしている主体をさすものです。したがって生まれて数年の間の、頑是ない幼児時代は、特別の人でないかぎり含まれません。その時代は全く遺伝や環境の支配下にあるもので、昔から幼児が神殿で不浄をしても、神のとがめはないといいますのも、自我の意識がなく、善悪の考えのない幼児には、罪の意識もないからでしょう。

ここで自己というは、その自我の意識のはっきりした、独立した人格をもった人のことです。いやしくも自己の運命を良いとか悪いとか考え、良い運命ならばいつまでも続くように、悪い運命ならばなんとかして早く改善したいと思うような、心のはたらきのある人ならば、同時に責任をもたねばならないと思います。

それではどうすれば、悪い運命を良くするかというと、過去は過去として現在に最善をつくし、禍を転じて福とするための努力をしようというのです。最善をつくすとは、人間生活そのものともいうべき業、すなわちお互いの思うこと、言うこと、行うことの一切を善くすることであります。この思うこと、言うこと、行うことの三つを、仏教では意と口と身との三業《さんごう》といいますが、これらの業が慈悲にもとづいていれば善業であり、反対に無慈悲から出れば悪業といいます。

慈悲とはいつくしみであり、思いやりであります。他人の不幸を見て、ああお気の毒な、どうかしてあげたいものだ、と心の中で思っただけでもすでに善業です。それがやさしい言葉となって、慰めたり励ましたりしてあげる、それも善業です。事情によってはさらにすすんで、物をあげたり力を貸したりして、その悲しみや苦しみを救ってあげる、そうなれば善業の完成です。

これとあべこべに、他人をそねんだり、憎んだりして、あんな奴はどうかなればよい、死んででもしまえばよい、というように、憎しみや詛《のろ》いの想いが浮かんだら、それだけでも悪業、それがすすんで残酷《ざんこく》な言葉になったり、無慈悲な仕打ちとなったりしますと、完全な悪業となります。

業を良くすることが、なぜ運命を良くすることになるかというと、良い原因が良い結果をもたらし、悪い原因が悪い結果をもたらすことは、因縁の法則を信ずる者には、ほとんど自明の真理だからであります。そのことを分かりよく証明すると思えることは、善悪の業と人相の関係です。私はそういうことを研究したことはありませんが、人相や手相を専門に研究した人の話をききますと、その人相はその人の過去の業の善悪の積み重ねともいうべきものだそうです。

それを研究するには、特別に人相の良い人とか、特別に悪い人とかを見いだし、それを絶えず観察するのだそうですが、今までこれはと思うほど良い人相をしていた人が、ちょっと嫌なところが出たと見ていると、それが消えて、もとの良い人相に戻ることもあり、そのほんの少し悪い相が、だんだんひろがって、良い人相が一変してすっかり悪い人相になることもあり、これと反対に、驚くほど悪い人相の人に、ちょっと良いところが出たなと思って見ていると、それが消えて、もとの悪い人相に戻ることもあり、時には、そのちょっとの雨雲の切れ間から日の光がさしたような明るさが、だんだん広がって、一天晴れわたったように、すっかり良い人相に変わることもあるそうです。また細かく観察すると、人相にも手相にも、大まかな相と、日々変化する細かい相とがあるそうで、その変化が積もり積もって、大きく変化するのだといいます。

こういう説明はわかると思います。慈悲や愛の心のゆたかな人が、優しく温かい、誰にも親しまれ、なつかしまれる人相をもち、無慈悲な、冷たい心の人が、一見して嫌だなあと思わせ、冷んやりとした感じを与える人相をもっているのは事実です。

ですから、顔かたちは美しくなくとも、お世辞などいわないでも、その顔を見ると、なんとなく楽しく、冬の部屋に埋火《うずみび》でもしてあるように、温かい感じで人をつつむ人がありますが、それはかならず慈愛の心のふかい人です。こういう人は、誰にも好かれ、親しまれ愛されます。たとい美人でなくても、学問がなくても、お金や地位がなくとも、人間としてはもっとも幸せな人でありましょう。これと反対に、慈愛の心の乏しい人は、誰にも好かれず、愛されず、極端にいえば猫もよりつきません。そんな人は、たとい美人でも、身分が高くとも、学問があっても、人間としてももっとも不幸せな、つまらない人でしょう。

アメリカの大統領であったリンカーンは、人は四十歳以後の風貌の善悪は、自己の責任である、といったそうです。これも私が前にいったのと同じく、少年時代の善悪の業は、主として遺伝や環境に支配されるものですが、二十歳頃から以後に形成される人相や態度は、自分の努力いかんによると見られたのだと思います。

こうなると、お互いの顔は過去の善悪業がプラスかマイナスかという帳尻を見せているようなもので、まことに気のひける次第であります。

この業と運命の関係の微妙さは、観察すればするほど、信ぜずにはいられません。世の中にずば抜けて立派な人が少ないのも、またずば抜けた悪人はそういないのも、人間の業が良いほうへも片寄らず、悪いほうへも片寄らず、中くらいの業をつくる人が多いためだと思います。また、業はお互い人間の一人ひとりの運命を良くし悪くするだけでなく、人間の住むこの世界を良くも悪くもしているのです。

業は人間の生きているすべてだと申しましたが、その業には、AならA、BならBという、限られた個人的なものから、その家族に共通するもの、その職業に共通するもの、その地域に共通するもの、さらに民族に、国民にというように広く共通するものがあります。それらの業の重なり合い、または関連して生ずる層は、千重か万重か億重か、とても測り知られません。その無限な業によって織りなされたマンダラが人間の世界（社会といってもよい）であります。

今日の世界を住みにくい世界だといいますが、地球上の自然の条件が別に昔とかわったわけではなく、放射能等をのぞいては、人間の業が住みにくくしているのであります。つまり、現代の世界を組み立てている政治や経済の組織も、国と国とのあり方をきめる法律も、道徳といわれる社会の伝統までも、私どもの考え方からすれば悪業の根本であり、慈悲や愛の精神とはあべこべの、自分さえよければ、わが国、わが民族だけよければ、今日の二大陣営の上では、わが陣営だけ有利ならばという、利己主義の考え方から出ているからだと思います。

人間は幸せになりたいと、昔も今もあがいているのですが、なぜ幸せにならないかというと、こういう大きな錯《あやま》りをおかしているからです。もっとも、こうした錯りもおこるにはおこる理由がありました。大昔、人間が他の生物と喰うか喰われるかの死闘を、何十万年かにわたって続けた悲しい経験は、いかなる場合にも自己の保存と防衛とが、第一であると考えさせずにはおかず、また他の生物との闘争が終わった後は、人間同士の民族の生存のための、領土や資源を確保するために、身も心も絶えず武装して今日に至ったので、現在の考え方も無理とはいえませんが、それが幸せになろうとする人間の願いとは、全く反対の結果をもたらしつつあることは、あまりにも明らかになりました。

自己を防衛するためには、自己を脅《おびや》かす何者の存在をも許せません。その優位争いは原水爆の出現となり、その飽くことのない実験の反覆は、人間に唯一の住所である地球をすら、放射能をもって汚さんとしています。人間はもはや人間にとって不用になったばかりでなく、人間に有害な作用をするこの錯った伝統から一日も早く脱すべきです。その道はこの業への反省であります。

キリストは釈尊と教義は異にしましたが、人間が幸せになるためには、愛を実践せよ、と説きました。それは業の浄化にほかなりません。現代の実際に見ても、仏教の信者も、キリスト教の信者も、個人的にも社会的にも、かならず慈悲なり愛なりの実践を心がけます。

しかるにそれが、政治界や経済界に入ると、しだいにその実践が困難となり、さらに国と国という関係になると、いっそうその困難の度は加わり、全く利己的となるのでありま す。つまり人間の生活を大きく支配する力や組織ほど、錯った伝統がつよくはたらいていて、宗教の教える慈悲や愛の、人間を本当に幸福にする真理は、その壁にさえぎられて、それ以上に行われていかないのであります。

これでは世界が不安であるはずであります。ですから、個人の運命の改善が業の改善にあるように、全人類の歴史的運命の転換改善も、この点に眼をつけねばなりません。人類は今までたどって来たお互いの生き方に、百八十度の転換をしなくてはなりません。

幸いに、一見修羅場《しゅらじょう》のように見える世界にも、この転換以外に人間の救われる道のないことを知る人々が、あらゆる地域に、あらゆる職域に数多くあらわれつつあって、その具体的運動としては、世界連邦政府建設同盟をはじめ、種々の試みがあるのであります。

それは春まだ早く、残雪がうずたかく積んだ下で、萌《も》え出ようとする植物の芽のように、今のところ大した力ではありませんが、真理が最後の勝利者であることを信ずる者には、将来はかならずこの人々の信念や理想が、全人類に受け入れられて、陽春から初夏をむかえた草木のように、すくすくと伸び、世界に平和の花を開き、幸福の実を結ぶ時の来ることを疑わないのであります。

もちろんそれは容易なことではありません。前に述べたように、お互い個人の主我的なもの、民族の主我的なもの、国家の主我的なものを、反省し調整しなくてはなりませんし、また実際となると、宗教にさえも主我的伝統の強いもの、迷信的なものもあり、これらをも超えねばなりません。したがって性急に、またそう短日月に実現できるとは思いませんが、現代世界の行き詰りのはなはだしさは、どこかに新しい解決の途を求めねばなりません。

世界の識者たちは、もはや根本に錯りをもった伝統的なものの繰り返しでは、とても間に合わないことを知ってきました。そこで前述のような困難な条件を克服するため、なお幾多の紆余《うよ》曲折はありましょうが、人間が平和を求め幸福を求めるかぎり、最後にはかならず協力して、その実現に向かうだろうと思います。

ことに宗教としてはそこまでいかなくては、宗教が人間に負うた役割を果たすことはできません。たとい神や仏を信じていても、その信仰の実践を個人生活の一部にとどめ、人間に共通して、大きく人間生活をうごかしている政治や経済を、信念と反対な主我的な精神の支配にまかせて、その結果苦しんでいるなど、冷静に見てまいりますと、全くナンセンスであります。もし、宗教者としてこれに気付かないならば無知であるし、気付いても実動に出ないならば怠慢だと思います。

問　なるほど仏心の信心がはっきりしましたら、大安心が得られ気持ちがのびのびとして、本当に楽しいだろうと思いますが、その信心に入るにはどうすればよいでしょうか。また、あなたはどうして入られたか、ご経験をうかがえたら幸せと思います。

答　全くそうです。いくらよい教えでも、実際に自分の信心として生きてこなくては、絵にかいた餅で、腹はふくれません。あなたの積極的な質問は、私の大いに歓迎するところです。そこで、私の乏しい体験を先に申しあげましょう。

私は六人兄弟の末っ子であった関係もありますが、両親に早くわかれました。四歳の十月母に、七歳の三月父に。少年の時、両親のないことはまことに淋しいもので、学校から帰っても、家族のいないガランとした家は、入るのがいやなくらいでした。それに子供の頭は妙なところがあるもので、友達の両親のそろっているのを見ると、自分の両親もどこかにいて、いつかひょっこりと出てきて、〝大きくなったなあ〟といって頭をなでてくれることがありはしまいかと、ときどき思うのでした。

ある時、姉たちが巫女（いちっこ）を招いて、両親の霊を呼んだことがありました。その折りの父や母の言葉に、幼いそなたたちをおいて死んで、始終心にかかり、つねに草葉の蔭から見守っている、という意味のことがありました。私は草葉の蔭からという言葉を、そのまま受け取り、そうすると父や母は、なにか虫のようなものになっているのではないかと、墓参りしてあたりの草むらを注意して見たことがあります。

このぼんやりとした、人の死後は？という問題が、はっきり私の頭にのぼって来たのは、八歳の春、釈尊のおかくれになった二月十五日の涅槃会に、お寺に参った時からです。私の家の菩提所は臨済宗です。友だちとお参りして、はじめて釈尊の涅槃図を拝《おが》みました。ご承知のように涅槃図は、釈尊のおかくれの時の光景を描いたもので、中央に釈尊がおやすみになり、それを人間のあらゆる階層の人々、鳥や獣、虫けらの類までが集まってとりまき、それぞれはげしい表情で歎き悲しんでおり、中には悶絶したかと見える人さえいる。しかしそれでいて、どこか落ちついた、静かな平和な気分の漂った、すばらしい宗教画であります。

お寺のはこの頃拝んでも、その印象どおり立派な図ですが、その時の私には、生まれてはじめて見た美しい荘厳な絵で、ただ圧倒されたような気分で拝みました。和尚さんに、これはどういう絵ですか、と聞くと、これはお釈迦さまがおかくれになったところだ。なぜこんなに大勢の人が泣くのですか？　お釈迦さまは世界でいちばん知恵のある、いちばんなさけ深い方であったから、みんな悲しんでいるのだと。私はお釈迦さまはえらいとはきいたが、こんなに人間ばかりでなく、動物にまで慕われるとは、大した人があったものだと驚きました。しかし、またよく見ると、おなくなりになったというお釈迦さまは、太った肉づきのよい、健康な人がうたた寝でもしたように描かれていて、おかくれになった人のようなさびしさはありません。

私は和尚さんに、お釈迦さまはおかくれになったというのに、死んだような顔をしていないではありませんか、というと、うん、それはお釈迦さまはおかくれになっても、本当はおかくれになったのではないから、死んだように描いてないのだと。この死んでも本当は死なない、という言葉は、私を驚かせました。お釈迦さまは特別えらい方であるから死んでも死なないのだろうか、それとも私の父や母も死んでも死なないのだろうか。これが私の疑問になりました。

私の故郷は静岡県庵原郡両河内村和田島でありますが、その地方は茶の産地で、茶の季節になると茶摘みや製茶で、村はお祭りのようで、青年男女が威勢よく、茶歌や茶摘み歌をうたいます。その茶摘み歌の中に、「死んでまた来るお釈迦の身なら、死んで心が知らせたい」というのがありました。これを知った私は、隣りの太三郎さんという人に、お釈迦さまが死んでまた来るというが、お釈迦さまはどんなふうにまた来られたのですか、と聞くと、太三郎さんは、そうではないか、お釈迦さんは二月十五日におかくれになり、四月八日にお生まれになったのだから、と。これは詭弁《きべん》です。私は子供心にも、この人も本当は知らないのだ、しかし歌にあるところを見れば、本当にちがいないと思いました。

こんなことを考えたり、人に聞いたりしていたことを知られたのか、和尚さんは、私が小学校を卒業すると、お前は体が弱くて百姓には向かない、学問が好きなようだから坊さんにならないか、とすすめてくれました。私には僧侶というものがよくわからないので、決心がつきませんでした。それから一年たったお盆に、和尚さんから、私の弟子になどというのではない、本寺の興津清見寺の方丈さんにお話したら、方丈さんがわしの弟子にもらいたいといわれるから、とまたすすめられました。清見寺の方丈《ほうじょう》さんといえば、えらいお方と思っていましたから、ついに決心して、その十月、清見寺へ上り、小僧になりました。

方丈さんと呼ばれた私の師匠は、坂上真浄老師という、臨済宗で有名な高徳の師家《しけ》でありました。はじめは日常よむお経を習い、それがすむと、仏祖三経とよばれる四十二章経、遺教経《ゆいきょうぎょう》、潙山《いさん》警策などを学びました。その中に生命のことが出てきますと、根掘り葉掘り質問をしました。うるさい小僧でしたろうが、師匠も五歳の時、半歳の間に両親を失われた、孤児の経験をもった方でしたので、私の気持ちを哀れんでか、なんぼきいても叱ることはありませんでしたが、寺の和尚さんがいわれた、お釈迦さまが死んでも死なないことは、容易にわかりませんでした。

その翌年、明治三十六年四月、沼津市に近い原町松蔭寺に、白隠禅師の百五十年忌が営まれ、七日間の授戒会と、七日間の摂心会が、師匠の真浄老師が師家で勤められました。その時お伴をして行き、白隠禅師が少年の時から死後の問題で苦しまれ、後に坐禅して悟りを開かれ、大安心を得られた伝記や、円覚寺から参加した雲水方が、厳格に坐禅されるのを見て、ようやく人には死んでも死なない仏心があり、精出して坐禅すれば、それがわかるのだということが信じられ、僧侶になってよかったと思いました。

それから中学で学ぶような学科を、兄弟子から習ったり、仏教の学問をしたりしていましたが、真浄老師の許へ、いろいろの人が参禅に来たり、一橋大学の生徒が団体で坐禅しに来たりするのを見ますと、自分も早く悟ってみたくてたまらず、十六歳の秋、思いきって老師に参禅修行をさせて頂きたいとお願いし、許可を得ました。それまでにたくさんの高僧方の伝記もよみ、坐禅の心得もわかっていましたから、あとは全力をつくして坐るだけだと、毎夜、寺の仕事がすむと本堂の片隅に行き、一人で坐りました。

白隠禅師が若い時、毎夜線香八本宛《ずつ》、坐られたと伝記にあったので、私もそれにならって八本宛ときめ、一本が三十五分くらいですから、ざっと五時間近く坐りました。しかし、なかなか本当に坐れません。その冬をすぎ、一月下旬のある夜、坐禅から立って気がつくと、左の手と脚がすっかり冷たくなっていました。これは変だと、老師に申し上げると、あまり無茶苦茶に寒い中で坐ったからだろう、医師に診てもらいなさい、と。医師の診断は脳神経衰弱ということでした。しばらく坐禅をやすみましたが、まもなくまた続けました。

清見寺では、徒弟は満二十歳になり徴兵検査がすまないうちは、雲水の修行に出さない慣例になっていましたが、私には十八歳の明治四十二年三月、修行に行くことを許されました。最初掛錫《かしやく》しましたのは、京都市花園の妙心寺僧堂でした。その四月には妙心開山の五百五十年忌があり、全国の僧堂から、雲水が五百人も集まり、その当時の有名な老師方のほとんどに、お目にかかる機会を得ました。

僧堂は規矩《きく》も厳重で、よい友達もおり、その点は申し分なかったのですが、なかなか私の坐禅はすすみません。私としては全力をつくし、先輩方も激励して下すったのですが、どうにもならず、四九日や把針灸治で僧堂の落ちつかない日など、山内の養源院の老僧にたのんで、その本堂で坐らせてもらったり、毎夜皆のやすんだ後も外で坐って頑張り、二十歳の五月にやっと期待した見性《けんしょう》の目的をとげました。

その時分、私は夕方、昏鐘頃からの坐がいちばんよく坐れることを知り、日々その時間を大切に思っており、その日も気持ちよく坐り、いつか無字三昧に入り、時のうつるをも知らずにいました。そこへ直日《じきじつ》が入堂し、開板をうち、献香した後、経行《きんひん》（禅堂内を坐禅する心で歩くこと）の柝《たく》をうった刹那、たちまち胸の中ががらりとして、何もかも輝きわたり、その時は、ああともこうともいうべき言葉もなく、ただ涙がこぼれて、人について堂内を歩いていても、虚空を歩くようで、ああやっとわかったと嬉しくてたまりませんでした。やがて止静になっても、その感激はますますふかく、長香一炷《いっしゅ》（一本）がすみ、独参の喚鐘が出るのをまちかねて、まっさきに入室し、湘山老師にいきなり、「できました」と申し上げました。

それまではいつも「できません」としかいったことのない私が、勢いこんでこういいましたので、老師も、「ふうん、どう見たか」と。私が見処を申し上げると、「そう見まいものでもない」と。その場でいくつかの拶処《さっしょ》（問題）を透りました。ここにくわしくは申し上げられませんが、ここで私は仏心の一端を見たのであります。

仏心は生を超え死を超えた、無始無終のもの、仏心は天地をつつみ、山も川も草も木も、すべての人も自分と一体であること、しかも、それが自己の上にぴちぴちと生きてはたらいて、見たり聞いたり、言ったり動いたりしているのだという、祖師方の言葉が、そのとおりであるということを知ったのであります。

それからも湘山老師につき、かたわら花園大学の初代の学長になられた真浄老師が、年に何回か京都や、大阪住友家の坐禅会の指導においでになるので、その間は老師の侍者をしながら参禅し、また、大徳寺僧堂の師家川島昭隠老師、円山要宗老師などにも参じました。

大正三年五月に真浄老師が遷化され、同四年の春、僧堂の規矩にしばられた生活をすて、思いきって坐り、境涯を練ってみたいと、それまで足かけ七年私とともに妙心僧堂に修行していた、曹洞宗の伝泰観兄とともに、四月末に京都を出て、飛驒国、大野郡久々野から東のほうへ入った、青谷村の山奥、人里から三里半もはなれた、全く人煙不到の地に、菅田町日下部武六氏の山に、植林の下苅りのため結んだ小屋のあったのを借り、八月の末まで百余日、独摂心を試みました。

この山はたしかにはわかりませんが、少なくとも標高四、五千尺（千二百〜千五百メートル）はあったろうと思います。冬は雪が数丈も積もると聞き、夏でも夜は寒く日中は暑く、雷が下方で鳴る所で、里人はほとんど入りません。私どもの目的にはぴったりした所で、日夜はげまし合って、よく坐りました。

そこへ清見寺の住職になった兄弟子伊藤雪舟師が病気になり、帰って看病してほしいという知らせを受けましたので、下山帰国。こえて同五年の春から鎌倉に移り、当時、浄智寺に一人で住んでいられた古川堯道老師に参じ、かたわら釈宗演老師の鉗鎚《かんつい》をも受け、ついで堯道老師が円覚僧堂の師家となられたので、私も僧堂へ掛錫、大正八年の二月、老師の許可を得て東京へ遊学、日本大学の夜間部宗教科へ入り、かたわら英語の講習など受けました。この年十一月に宗演老師の遷化を見、一周忌の報恩大摂心には、堯道老師の見台侍者をつとめ、大正十一年一月の僧堂の大摂心には、老師の厳命で、御不在中の代参を受けたりし、まもなく浄智寺に住職し、昭和十七年円覚へ移り、今日に至りました。

私の修行はざっとこんな経歴をとりましたが、要するに人間の死後はどうなるかということの追究と、そこから発展した、人間精神の本当の自由獲得ということにあったわけであります。

なお、見性した上で多くの年月をかけて公案を調べて修行しますのは、見性の上における根本智、平等の境地と、差別智、日常万般の差別の上においてのはたらきに自由を得るためで、この修行を欠きました禅は、うっかりすると死禅になったり、野狐禅《やこぜん》になったりするのであります。

また、この間にお目にかかった禅の宗匠方のほか、一般仏教学においては、島地大等、椎尾弁匡《しいおべんきょう》、宇井伯寿、矢吹慶輝の諸先生には直接、そのほか学界の多くの先生方には、書籍や講義等で、また禅と対蹠的《たいしょてき》立場にありとされる真宗については、島地大等先生、近角常観先生にも聴法しましたが、大正十一年秋、志摩国鳥羽で、伊勢一身田《いっしんでん》の明覚寺の村田静照和上にお目にかかって、はじめて真宗信心の真髄に触れ、全く禅と二致なきことを知りました。

そのほかの天台や真言等の諸宗も、同様に、禅の上から見れば、その宗学の立て方は異なっていても、その根本においては、みな一つで、尊い仏心の在ることの証明と、いかにして仏心に近づき、いかにして仏心と離れずに生活することができるかを、角度を変えて示したものにほかなりません。

そこで、私は近年誰にもわかりやすく、仏心の信心を説いております。人は仏心の中に生まれ、仏心の中に生き、仏心の中に息を引きとるので、その場その場が仏心の真只中《まっただなか》であります。人はその生を超え死を超え、迷いをはなれ、垢《けが》れをはなれた仏心の中にいるのだという、人間の尊いことを知らないために、外に向かって神を求め仏を求めて苦しみ、死んだ後のことまで思い悩むのですが、この信心に徹することができたら、立ちどころに一切解消であります。

私の上でいえば、私のおろかな父も母も死後は、釈尊も達磨も、同じく仏心の世界、永遠に静かな、永遠に平和な涅槃の世界にいられるのであって、修行した人も修行しない人も、その場に隔てはないのであります。

これは私が少年の時、両親の死後どうなったであろうという問題が縁となってついに僧侶となり、禅を中心として修行し、また仏教諸宗について研究し、六十余歳の今日になってたどりついた結論であります。

私は自分で、自分の素質がすぐれているとも、その修行が特別にふかくできたなどとは思ったことはありません。ただ、どうかして自分が心から安心ができ、喜ぶことができ、人にもすすめて安心してもらい、喜んでもらうようになりたいと思って修行して参りました。

以前、私が禅を修行しなくては、仏道の真実はわからないとだけ説いていた頃、郷里へ帰り親戚や友達の親しい人々をまじえた聴衆を相手に、説教をしましたら、年老いた従兄が、仏道のありがたいことはわかったが、私らにはそうした修行はとてもできない、本当のことはわからずに死ぬのかな、となげきました。私はこれが淋しくもあり、悲しくもありました。後に私はいま説くように、修行しなくても、悟らなくとも、本来仏心の中にいるのだから、死後も絶対安心してよいと、はっきり言いきる信念に達しました。

今では多くの人々が私の信心を受けとって、安心してくれています。

また、信心はたといはっきり決定していても、人間の精神は、その時その時で、ひきしまったり、たるんだりします。信心にもそれがあり、とてもはっきりし、充実した感じで、何をするのも愉快で、楽しくてたまらない時もあるかと思うと、なにか気がぬけたように、がっかりして、わけがなくつまらない感じにおそわれたりします。

前の場合はよいが、後のような場合はどうするか、ということは実際上、大事なことです。そういう時、私は釈尊の御名前、ナムシャカムニブツと唱えることをすすめます。いや、そうした時だけでなく、仏心の信心に生きる人は、毎朝、仏前に正しく坐って、ナムシャカムニブツと七遍以上、多いのは多いほどよいが、上ずった唱え方でなく、腹の底から唱えることにして頂きたい。こうした日常をもっていると、淋しい時や、力のなえたような時、これはと思うと、ナム……とやる。かならず心機一転して勇気も出で、落ちつきがでて、淋しさからのがれられます。

なぜ釈尊の御名を唱えるかというと、それは歴史的にインドに生まれ、インドで死なれた大聖釈尊の御名であると同時に、私どもの仏心の中に永遠においでになる釈尊の御名であるからです。舎利礼文《しゃりらいもん》にも、「万徳円満の釈迦如来」とありますが、よろずの徳、よろずの智をそなえた釈尊は、仏心そのものでいらっしゃるのです。仏心のほかに釈尊なく、釈尊のほかに仏心はない。仏心即釈尊、釈尊即仏心です。ですから、私どもが釈尊の御名を唱えるのは、自分の仏心の名を唱えるのであり、これを念ずることによって、自然に胸中にむらがる迷いや、煩悩がうすれていき、たちきられて、仏心の光が輝き、仏心の徳がにじみ出るのであります。

そうして、これを一つの行《ぎょう》とし、ふだん続けていただきましたなら、私の言葉の決してウソでないことがおわかりになりましょう。

私はこの信心を七、八年前からすすめていますが、一昨年（昭和三十二年）こういうことがありました。栃木県喜連川町に船山幸一さんという人があり、癌にかかり、東京の第一国立病院で危篤であるというので、その菩提寺の住職の方が見舞いに行き、淋しかろうと思い、延命十句観音経をよむようにとすすめますと、船山さんは、「和尚さん、御親切はありがとうございますが、私は円覚寺の管長さんの、仏心の信心をうかがって、そのとおりに違いないと信じ、たえず、ナムシャカムニブツと唱えており、いつ死んでも少しも恐れないし、また淋しくもない覚悟ができましたから、どうか御安心なすって下さい」といわれたそうです。住職の方はすっかりよろこび、その足で私のところへおいでになって、こういう信心決定《しんじんけつじょう》の人のあることを話されました。

それから一月《ひとつき》ばかりして、三月二十一日、ちょうど彼岸の中日に、NHKから私の信心の放送がありましたら、船山さんは自分でスイッチを入れてこれをきき、終わって後、静かに、かたわらにいた人も知らないうちに涅槃に入られました。令息の謙助さんから手紙でくわしくその時の様子を知らして、父上に代わってお礼をいってよこされました。このほか、禅宗の信者はいうまでもなく、真宗や浄土宗の信者で、その信心の決定になやんでいた人が、はじめてはっきりしたと喜んでくれた人はたくさんあります。

こうした信心をすすめますと、人によっては、禅の本領である悟りへの修行をゆるがせにし、第二義門に下るもので、禅宗を堕落させる、その身そのままの老婆禅で、古人が極力斥けたものではないか、と非難するかと思いますが、ここです。私も仏道に悟りがあり、それへの精進が尊いことは、十分に知っており、できるだけこれを勧めるものでありますが、実際問題として、一般信徒の人々にこれを求めることは、至難に属します。

その事実は禅宗の寺の檀信徒といわれる人々の生活を見れば、一目瞭然です。多くは先祖からの宗旨として、禅宗はありがたい宗旨だそうだくらいで、禅がどういうものであるかもよくは知らず、したがって、その信心も漠然と念仏（阿弥陀仏）したり、観音、地蔵、薬師等の仏さま方を尊んでいる程度で、他の真宗や日蓮宗の信者のように、私の信心はこうですと、はっきりしたものをもっていません。禅は僧侶という指導者か、特殊な信者の修行するものになっております。これは誠にすまないことです。

昔は、たとい宗旨がはっきりわからないでも、僧侶のすぐれた人格や、秀でた行いを通して、教えの崇敬があつく、あの人を供養すればとか、寺を保護するとかすれば、大きな功徳があると信じ、また、死後はその人に引導してもらえば、成仏を疑わないといった信仰がありましたから、彼らは救われたと思いますが、現代では、僧侶のあり方も昔のようでなく、そうした信仰も薄く、ほとんど信仰的に無力です。ここらに新興宗教などの乗ずる隙《すき》があるので、たわいない教義に迷わされて苦しませる責任は、私ども僧侶にあるわけであります。

この無信仰状態にある檀信徒に、はっきりした安心を与えることは刻下の急務でありま す。それならば他力易行の浄土教があるではないか、唱題成仏の日蓮宗があるではないかというかも知れませんが、私の見るところでは、これらの宗旨には、それぞれの長所がありますが、従来の説き方をそのままでは、かつて友松円諦師も指摘したことがある指方立相のごときもあり、現代の知性を重んじる人々にはついていけないところも多いと思います。

これに対し、仏心の信心は、仏心がどんなものか明らかにしたいと思う者には、直ちに体験することもできる。すなわち坐禅という修行があるのであって、決して単なる観念でも概念でもありません。また、仏教信徒の第一の信条は、昔から三宝帰依であります。つまり仏と法と僧とへの信心で、信徒たちは自ら悟らなくとも、その教祖を信じ、その教を信じ、その伝道者を信じ、それらをあがめ、供養することによって、死後は浄土に生まれて仏となると信じてきたのであります。つまり悟らなくとも信じてすんだのであります。

ここに注意して頂きたい。信じるということは大きな力であります。涅槃経にも、「大信心は仏性なり、仏性はすなわち如来なり」とあります。大信心とは、はっきりした信心のことです。はっきり信じきれた当体は仏性であり、それがすなわち如来であるというのでありまして、私が仏心を信じてナムシャカムニブツを念じるのは、仏が仏を念ずるのであると、前にいいましたのと同じ意味であろうと思います。

達磨大師もその著書で悟りについて、仏や祖師の教を聞いて、はっきりと、すべての生命あるものは、一つの真性（仏心のこと）を同じくうけているのだということを信じ、したがって、日常の迷いや煩悩には、その実体はないのだと知って、それらについてまわらないようにし、心を不動の境地におき、自他や迷悟の差別もなくなり、おのずと真性の理と相応して、ほかの言論に迷わないのが悟りである、といっていられます。（四行観の理入）

ですから、たとい悟りを求めるにしても、順序としてまず仏心のあることを信ずることがさきです。井戸を掘るにも温泉を掘るにも、そこを掘れば水なり湯なりの出ることを信じなくては、誰も実動には移りません。しかし、井戸や温泉はいくらそこを掘れば出ると信じても、実際に掘らなければ、その恩恵に浴することはできませんが、仏心の信心は、これを信じるものは、直ちに無限の生命にふれることができ、死後の不安からまぬがれるばかりでなく、この世にあっても、ゆたかな精神生活ができるという利益《りやく》がある。

浄土宗や真宗では、自分が浄土に往生したいと願うのを往相回向《おうそうえこう》といい、信心が決定し、浄土へ往生することは絶対だと信じきれ、その法悦につつまれたものが、そこに一人でじっとしていられず、まだ信心が得られず、苦しんでいる人々のために、教を説き導きをすることを還相回向《げんそうえこう》といいますのも、ここだと思います。

人は自分が苦しんだ経験をもち、それから都合よくのがれることができたら、同じような苦しみをしている人を見ては、だまってはいられません。かならずその経験を語って、その苦しみを救ってあげようとします。そこに自然に多彩な宗教活動がおこるのであって、それは尊いことであります。

仏心の信心もはっきり決定できれば、お互いはいつでもその場をたたずして還相回向の人であります。私が村田静照和上に、真宗の宗義をうかがっておりました時、私が、「和上が浄土においでになる時は、どんな身なりをして行かれますか」、とお尋ねすると、和上は木綿の着物に同じ絆天《はんてん》を着ていられましたが、ちょっとその身なりを振り返ってご覧になり、「このまんまですなあ」と、いわれました。古えの禅者には、「朝々、仏と共に起き、夜々、仏を抱いて眠る」と歌った人があります。他力とか自力とかいいましても、ここまで来れば区別はありません。他力から入って他力をはなれ、自力といいながら自力をはなれるのでありまして、全く仏心に一如した境涯であります。

釈尊の教えと禅

人は仏心の中に生まれ
仏心の中に生き
仏心の中に息をひきとる

根本仏教と禅

戒と定と慧と

仏教という教えは大きな山脈のようでありまして、その中にいろいろなものが埋蔵されていて、研究がすすむに従って、いろいろな面が発見されるようであります。私のような不勉強なものにとっては、表題の根本仏教ということについては、ほんとうは一人前にものをいう資格はないのではないかと思うほどであります。

しかし、ここに根本仏教といい出した以上責任がありますから、一応定義のような自分の考えを申してみますと、お釈迦さまがお悟りになった内容であり、お釈迦さまが直接お説きになった教義、ないしは思想、それらがいろいろな経典を通じてうかがえる。それらをさして根本仏教という、といたしますことはいちばん穏当だと思います。つまり大乗仏教として発展をする以前の阿含《あごん》や律の一部に伝えられる仏教、普通に原始仏教とか、初期の仏教とかいわれるものをいうのであります。

今日の大乗仏教も、今いう根本仏教、お釈迦さまのお説きになった阿含部などの中にある思想や教理が展開されたものでありますから、大乗仏教が花や実であるならば、阿含部の教え、原始仏教は根であり、幹であります。これは、歴史的経路がそうであるばかりでなく思想や教理の上でもそうでなくてはならないと思います。

それで次に、禅の問題でありますが、禅ももちろん、仏教の歴史、つまり、仏教教義の展開にともなってその内容にも、実際面にも相当の変化を示してきたと思います。今日、われわれが中国から受けついで、禅宗といっております宗派的禅と、お釈迦さまが御修行をされた時代の禅、または直接そのお弟子方に指導され、実行せられた禅とは、これも根本仏教と大乗仏教のように、その本質には相違はありませんけれども、その様相には、かなり違いがあると思います。

それから、この宗派的大乗仏教の行き方ですと、禅なら禅で、独立して仏教が完成されたという形になっております。

つまり、禅宗という宗旨をみれば、禅の面から仏教がすっかり一つにまとまりがついている。これは禅だけではありません。真宗なら真宗で、仏を念ずる念仏ということによって、仏教の全体がそれにおさまっている——おさまるということもおかしいが、仏教の全体の功徳は、その一宗を信心することによって受けられるということになっています。

この意味をもっとも強く主張しましたのは日蓮さまでありましょう。四個の格言のように、真言亡国、律国賊、念仏無間、禅天魔といって、ほかの宗旨はみなだめで、思いきって、自分の宗旨だけが仏教の代表であり、ほんとうであって、そのほかはうそだと主張していますが、大乗仏教の今日の宗派を形づくっている仏教の一つひとつには、どれにもそういう性格があるのであります。

しかし、ただいま私が申し上げようとする根本仏教、あるいは原始仏教はそうではなかったと思うのです。禅ももちろん、それが仏教修行の中心的なものであったということはいえませんけれども、今の宗派でいうように、ほかの仏教の諸要素を全部これにおさめている、ほかはどうでもよいというような主張はありません。仏教では三学ということをいいます。戒と定《じょう》と慧《え》、そのうちで、禅は定になるわけです。この三学が仏道修行の根幹であって、これの一つを欠いても仏道は完成しない。これは、公平に仏教を考える人ならばみないったのであります。

しかし、これもさっき申し上げたように、大乗仏教の宗派的な立場をとってくると、こうした根本的なものにまでも変化がおきているのであります。わかりよくいえば、真宗のごときは、はじめから戒を必要としないと主張していますし、今日では、実際面においてはわが国の大乗仏教の諸宗派もほとんどある種の戒を無視していることになっています。ただいま、日本からビルマへ留学僧を送っていますが、タイやビルマやセイロン等の仏教徒と接触しますために、これはたいへんな問題であります。

戒律無視の危険

三学を仏教僧侶の必須条件と考えている原始仏教、ないしは根本仏教の形態を受けついでいるビルマやタイへ参りますと、日本の、妻帯して頭を伸ばしたりしている坊さんは、坊さんのうちに入れませんし、坊さんとして扱わないのです。現に日本から行った今度の若い僧侶たちは、改めていちばん初歩の戒律を受け直す――受け直すのではなくて、今まではっきり受けていないわけですから、受けさせられて一年なら一年は、この戒律に従う修行を強制されているのであります。

これは大乗仏教の傾向、人類全体の思想的傾向からいうと、この戒律に対する考え方が非常に変わっていますから、かりに日本の仏教はいけなかったからもとに帰ろうといっても、日本の仏教が直ちにビルマやタイの仏教のようになることは、私は不可能だと思っていますし、また、かならずしもその必要もないではないかと思っています。

しかし、この戒と定と慧の関係は、戒によって定を得、定によって慧を得、その正しい智慧によってはじめて解脱が得られるとされる。この戒ということは、窮屈なことはこまりますが、その戒律的精神は是非、失ってはならないと思います。

あれをしてはいけない、これをしてはいけないと、特殊のいろいろなことを、二千五百年も前の、お釈迦さまの時代におっしゃった。それを今日そのとおり墨守して、少しも動かさないで行っていこうとしたら、これは変なものだと思います。けれども、その戒律的な精神、ないしは態度というものは、仏教修行のためばかりではなくて、人間の生活をよくしていくためにはどうしても必要だと思います。

おそらくこんなことも、大乗仏教の戒律無視の傾向を助長したのだろうと思いますが、こころみに、従来の戒律のうちで、今日こんなことはと思えるものを拾ってみますと、比丘（男僧）の戒律の中には、商売をしてはいけない、田宅、田や宅地をもってはいけない、召使や女中をもってはいけない、猫や犬を飼うこともいけない、植林もいけない、開墾もいけない、薬をこしらえて人にやることもいけない、占いや人相を観ることもいけない、計数、計算することもいけない、等々があります。こんなふうだとこれの実行はなかなかだと思うのです。坊さんも人相を観るとか、人々のために薬をこしらえて人を助けるとか、伝道のためにはよくやりました。弘法大師などのような人ですらこの戒律からいえば、いけないことになります。こんなふうですから、これはなかなかむずかしいと思いますが、しかし前にも申しましたように、戒律的な精神、態度ということは必要だと思います。

つまり、坐禅をしようが何をしようが、戒律無視の精神というか、でたらめの生活がわれわれのまじめな修行に害のあることはいうまでもありません。

安穏功徳の住処

実際に、坐禅なら坐禅をしますには、坐禅の修行に必要な注意が与えられますが、その中には、御飯を食べすぎてはいけない、そうかといっておなかがすきすぎてもいけない、眠りすぎてもいけないし、眠り不足してもいけない。心に妄想がわくような事情をもたないようにしなくてはいけないと、生理的、または心理的な条件をよく整えるようにいうのであります。

これは、飛行機のパイロットにしても、自動車の運転手にしても、眠り不足で運転をやったらぶっつける。こんなことはみやすいことでありまして、われわれの修行が、からだが疲れきっておってうまくいくはずもなければ、心がなにかほかに引かれるようなものがあってはうまくいくはずもない。ですから、からだの条件や生活条件を整えて、戒律を保つのと同じような気持ちでかかることの大事なのは、いうまでもないのであります。

この戒について、遺教経には、

「戒はこれ正順解脱の本なり、故に波羅提木叉《はらだいもくしゃ》と名づく、この戒によって諸々の禅定、及び滅苦の智慧を生ずることを得、この故に比丘まさに浄戒を持して毀欠《きけつ》せしむることなかるべし。もし人よく浄戒を持すれば、これ即ちよく善法《ぜんぽう》あり、もし浄戒なければ諸々の善功徳、みな生ずることを得ず、是を以て当に知るべし、戒を第一安穏功徳の住処となすことを」

と、お釈迦さまは仰せになっています。人間が無秩序の生活をしていては、積極的な精進もできず、善も行えません。第一自分の生活そのものも安定いたしません。お釈迦さまは戒律によって仏道修行者に、生活に節度を与えようとされ、その長所を説かれたのであります。

戒はあれはいけない、これはいけないという、制止、禁止を意味することが多いのですが、お釈迦さまは、そうした修行に害になる面を教えると同時に、一方に反対の善や徳の励行を教えておいでになります。それは、欲を少なくする、あるいは足ることを知る、くだらないことから遠離、遠ざかること、精進、勉強すること、不忘念、それから禅定、智慧、こういう順序で仰せになっております。禅定の前に不忘念という徳目がありますが、このことをお釈迦さまはどういう意味でおっしゃっているかということを、私は考えてみたいのです。

念を摂して心におく

不忘念というと、ものを忘れないことでしょうが、これについて、やはり遺教経に、

「汝等比丘、善知識を求め、善護助を求むることは、不忘念に如くはなし、もし不忘念ある者は諸々の煩悩の賊、則ち入ること能わず、この故に汝等常に当に念を摂して心におくべし、もし念を失する者は諸々の功徳を失う、もし念力堅強なれば、五欲の賊の中に入ると雖も、ために害せられず、譬えば鎧《よろい》をつけて陣に入れば、恐るる所なきがごとし、これを不忘念と名づく」

と、こう仰せになっていますが、この不忘念ということと禅との関係を私は考えてみたいのであります。不忘念をするのには、まさに念を摂《おさ》めて心におくべし、といっておられる。いろいろに思う念を統一して心におくということですから、今日のわかりやすい言葉でいうと、くだらん妄想をわかさないことといったらよいかと思います。

これと禅とどう違うか、これについてもう一つお釈迦さまは、

「若しくは山間、若しくは空沢の中に於て、若しくは樹下、閑処静室に在って、所受の法を念じて忘失せしむるなかれ、常にまさにみずから勉めて精進してこれを修すべし、為すことなくして空しく死せば、後、悔いあることを致さん、我は良医の病を知って、薬を説くがごとし、服すると服せざるとは、医の咎にあらず、云々」

とも説かれています。

山や沢や林などの閑静なところで、心を落ちつけて、所受の法を念じて忘れないようにしなさいというので、この不忘念と禅定とはどれだけ違うか、どうも画然とは分けられないように思われます。所受の法を念じるとは、お釈迦さまのお言葉や、教義を、心にかみしめ、玩味していくことのように思われます。あの槃特尊者でしたか、非常に物覚えのわるい人をお釈迦さまが教化なさったときに、

「口を守ること瓶のごとく、心を守ること城のごとく」

というわずかな句を教えて、それを明けても暮れても繰り返させて、それからついに、悟りに入らしめた、ということですから、不忘念ということは、実際お釈迦さまがお弟子を導かれるとき、お釈迦さまの大事な教えの一句か、ないしは教義の要点をまとめた文句かを、なんべんでも繰り返さして、それを味わわせて、ほんとうにそのとおりだと、心からうなずけるようにさせたのではないかと思います。

木津無庵師の仏教聖典のうちに、あれは何経から引かれたか知りませんが、お釈迦さまがおかくれになる前に、

「阿難よ、私はまた身にはげしい痛みを覚える、私はいま臥そうと思う、座をしいてくれ」。阿難は即ち仰せのままに随った。世尊はその座に臥されて、静かに思惟に入り給い、しばらくあって阿難を呼び、「阿難よ、私に七覚分を説いてくれ」と仰せられた。阿難は仰せのままに之を説いた。世尊「精進を説いたか」。阿難「説きました」。世尊「阿難よ、ただ精進して、疾く道を得るがよい」。かく語り終わられて、また思惟に入りたもうた。一比丘が感激して言った。「世尊は正法の王でありながら、なお病を忍んで道をきき給うのである。まして余の者にあっては、是非とも心を専にして

教えをきかねばならぬ」

とあります。これによっても知られるように、お釈迦さまは、お弟子たちにきまった教義を繰り返さして正しく記憶させたり、あるいはその教義を思惟させて、その理解と実地の心境とを練らせ、その教えがほんとうにそうである、それに違いないと思えるような訓練をなすったようであります。それが不忘念といわれる修行の内容ではないでしょうか。

禅定、つまり定のほうになると、不忘念よりまたぐっと心の修行の上に深さを示し、それがために、そこに四つの階級まで立てて、お説きになっているのであります。四階級の禅を説く前に、定についての仰せを見ますと、これも遺教経は、

「汝等比丘もし心を摂《おさ》むるものは心すなわち定にあり」

心を摂むる。これはただいまでも、禅宗ではこのとおり使い、坐禅することを摂心《せっしん》といいます。もし心を摂むるものは、心すなわち定にあり、摂心をすれば自然と定に入ります。

「心、定にあるが故に能く世間生滅の法相を知る」

心が定にあるとは、わかりよくいえば落ちつく。すると、よく世間の移り変わる有様がほんとうにわかります。

禅定を修して漏らさず

人間の世界というものは実にどんどんと変化しているのですが、人間はその変化になれてしまい、よほど手近なところに変化が起きない限り、驚きませんけれども、こちらが落ちついて見ていると、その変化がよくわかる。これは実際であります。

お釈迦さまが仏教を説かれた態度および仏教というものの傾向は、この世の中のことをよく見ること、よく理解すること、あるいは正しく理解することだといってもよいと思います。ですから、正しくものを見ようとするときは、かならずこちらが落ちついていなければなりません。さっきの不忘念でもそうであって、あの方がおっしゃったのだからそれに相違ないと思っても、こちらの心が曇っていると、それがすなおに受け入れられませんが、こちらの心が落ちつき、すっきりしていますと、みがかれた鏡にものが映るように、そうした教えがすっと入って、すなおに承認されるのであります。

心が定にある人は世の中のことを見るに、私心を差しはさみませんから、自然によく見える。長いものは長く、短いものは短く。これについて、今、ちょっとした祖師の問答を思い出しましたが、中国に潙山《いさん》禅師という尊い方があります。

この潙山禅師に、ある弟子が、「百千万境、一時に来るときいかん」こういう質問をしました。境というのは、心に対するものごとはみな境です。百千万境一時に来る時いかん、これはたいへんなことです。

ところが、潙山はこれに対して、「青これ黄にあらず、長これ短にあらず」こう答えました。どんなにしても青いものは青いし、黄色いものは黄色い、それは一緒にはならん、長いものと短いものを間違えはしない、こういうことでしょう。けれども、これは潙山のようなお方だからいえるので、われわれだと、多くのものごとが一緒になってくると青を黄と見たり、短を長と見ることは、いくらでもあります。

お釈迦さまが、「心定にあるが故に能く世間生滅の法相を知る」、こうおっしゃったのは、つまりこうした禅定の眼が、ものの真実の姿を見るのに大切な役割をもっていることをおっしゃったのだと思います。

「この故に汝等常にまさに精進して、諸々の定を修習すべし」、だからいろいろ工夫し勉強して、もろもろの定を修め習え。

「もし、定を得るものは心すなわち散ぜず」、心が散らばらない。

「たとえば、水を治むる家のよく堤塘を治むるがごとし」、水を大事にする家は必ずその貯水池をよく修繕する。

「行者もまたしかり、智慧の水のためによく禅定を修して漏れざらしむ」、智慧の水のために禅定を修して漏れないようにする。

智慧というものは禅定がなくてはだめであって、禅定が欠ければ智慧が欠ける。智慧の水を洩らさないようにするためには、禅定をしっかりとおさめなければいけない、こういうことです。

五蓋の教えと人間

戒によって定を得、定によって慧を得る、これが三学の要領であるとは前にも申しましたけれども、これらのお言葉によって、禅定の役割がだいぶんはっきりしました。禅定は必要であって、禅定がないと正しい智慧は絶対に出ないというのであります。それでは、その正しい智慧に達する定はどういうことかといいますと、この禅定について、四禅という四つの階級をお説きになっているのであります。これは増一阿含《ぞういちあごん》に出ておりますが、まず第一階級については、

「彼はこれら五蓋《ごがい》を棄てて、心の穢れを知り尽くし、心を弱むる穢れを知り、欲を断じ、不善法を断じ、分別あり思慮あり、遠離より生ずる喜悦安楽なる第一禅に到達し

て住す」

お釈迦さまの時代には、いろいろな罪を一つずつ数えてありますが、そのうち五蓋、五つの蓋《ふた》になる、蓋という字はおおい、じゃまになるもの、つまり、智慧の光が出るのをおおい隠してじゃまをするものが五つあるという。

それは第一が貪欲《とんよく》、欲の深いこと、執着のつよいことです。第二が瞋恚《しんい》、腹を立てること、それから第三が睡眠、惰眠です。日本では、あまり眠るということを悪いとはいいませんけれども、インドでは非常に眠ることを罪悪視しています。ああいう暑い国の人はどうしても寝るのです。寝たいだけ寝かしたらいくらでも寝るでしょう。ですから、睡眠ということを非常に戒めていらっしゃる。ここにも出ています。

この間私は、小倉正恒さん（前の大蔵大臣）からこういう質問を受けました。あの方はもう八十になられたのですが、もっと長生きしようと思って研究していられます。誰でもそう思うのはあたりまえですけれども、そこで古えの中国の養生書に、長生きをしようと思うものは食を節せよ、それから欲を節せよとある、これはわかるが、もう一つ少眠、眠りを少なくせよというのがあるが、これはいったいどういう意味だろうかというのです。

これではどうも一般の考え方と違うように思える。今のところではたくさん寝よといいますが、それには単に寝るなと書いてある。どういうものだろうかというのです。それで一緒に考えてみたのでありますが、相当年をとるとつい惰眠をむさぼる。年寄りになると、よく目が覚めるという人もありますけれども、寝たがる人もあるようです。やはりどっちかといったら、年をとってからは、あまりたんと寝ないほうがいいのかも知れません。

人間の脳は使わないと退化します。寝てばかりいるとその傾向を助長します。睡眠を少なくして適当に緊張しているほうが、退化、もうろくをふせぐことになるかもしれません。そんなことを話し合いました。インドでもそこを知っていたかもしれません。ともかく仏道修行には眠るということが非常に悪いことにしてある。

それから、第四が傲慢《ごうまん》、これは悪いことはきまっている。第五が遅疑《ちぎ》、やたらに疑うこと、もっといったら、愚痴といってもいい。思いきりの悪いことだろうと思います。こういうこともみな捨てようというのです。

心の穢れを知れ

このごろの宗派仏教では、一足飛びに仏さまになることばかりいって、凡夫の垢《あか》を一つずつ取ることはあまり教えませんけれども、お釈迦さまの教え方は、凡夫のこういう悪いところを順に取らせる。

欲をかくな、これ一つを取るのでもたいへんですよ。この頃では、だんだん人間が利口になったか、ずるくなったかして、どうせ取りきれはしないからやめておけといった調子で、貪欲《とんよく》も瞋恚《しんい》も、眠るとか傲慢とかいうこともあまりいいませんが、ここらに現代仏教の反省すべき点がありはしますまいか。昔は正直に、お釈迦さまがおっしゃったとおり、一生懸命こうしたものを取ったのでしょう。こういうものを捨てて、禅定の第一歩として、

「心の穢れを知り尽くし、心を弱むる穢れを知る」

とあります。ただいま申しましたようなことがらは、たしかに心を穢すし、また、心を弱むるというのがおもしろい。こういうものがくっついていると、人間の心がよいほうへ勇敢にならないのです。

われわれは、いつも生き生きとした気持ちをもってよいほうへ向かいたいと思っていますけれども、傲慢、腹立ち、欲ばり、疑い深い、こんなものが心にある人、こういう病気がある人はきっと勇気がない。若い人たちがものごとに対して勇気があるというのは、こういうものがうすいからです。

「心の穢れを知り、心を弱むる穢れを知り、欲を断じ不善の法を断じ、分別あり思慮あ

り遠離によって生ずる喜悦安楽」、つまり自分の悪徳を切り捨てることによって生ずる、喜悦安楽、わかりよくいうと、いろいろな自分の身にくっついている悪徳を遠のけてしまって、それが遠のけられたところに生ずる喜びですね。今日の言葉でいったら法悦とでもいいましょう。その安楽の心境に住する、これが第一禅とも、初禅ともいわれる禅の第一段階であります。

分別なく思慮なく

その次は、

「彼は分別思慮を静め、内に心を潜め、心を集中し、分別なく思慮なく、三昧より生ずる喜悦安楽なる第二禅に到達して住す」

分別思慮しては悪いものを捨ててしまって、それらが遠のいたところに生じたさっぱりした気持ち、その心境を喜んで喜悦安楽なるところが第一禅でしたが、今度はもう一歩進んで分別思慮を静める。あれはいけない、これはいけないといっていた、その心のはたらきをも静める。また、「うちに心をひそめ」とある。ずっと心を深くし、「心を集中し」、今度は「分別なく思慮なく」、もう一つ深く心の内面に戻っていって、ああこうと善悪の

分別をしたり、ああしよう、こうしようという思慮もなく、いろいろな計らいもなくなった境涯、

「三昧より生ずる喜悦安楽なる第二禅に到達して住す」

いろいろなことを考えたり分別したりする、そういう心のなくなったところの三昧から生ずる喜び、安楽、それが第二の段階で、第二禅といいます。これはたしかに坐禅すればそういう段階があります。

人間というものはおもしろいもので、多くの人はなにかを得たといって喜ぶことは知っていますが、ものを捨てたところに生ずる喜びのわかる人はまれであります。これはつまり、普通のいろいろごちゃごちゃした世界から自分がうしろに下る、遠のいたところに生ずる喜びを喜んでいるのです。

私は、この夏の頃こんなことがありました。毎日新聞が神奈川版に、写真をのせて、一口ものをきいて書く企画をしたといってきました。なにか話はないですかというから、なにもないといったが、ちょっとその頃感じていたことを思い出して話しました。人間は年をとるとだんだん用事がふえて、私なんかも忙しくて困る、つい用事に追いまわされて、こう用事が多くては弱ったなと思っていた。その時、ひょっとこういうことを考えた。

弱ったなあと思ったからといって用事がへるわけではない、どうせやるだけはやらねばならない、弱ったと思うだけ余分だ、弱ったと思うことをやめれば、それだけムダがはぶけると、こう考えて、そのつもりになったら、たいそう楽になり、そこにたくさん時間が余ったような、ゆとりを感じたと。

人間ておかしなもので、明日はこれとこれを片付けたいと予定しているところへ、その日になるとひょこっと臨時のことが出てくる。それで弱ったなとつい思う。弱ったなと思うと、よけい弱ったような気がする。それでそう思うことをやめてみました、そうしたらほんとうに楽になった。そのことを話したのです。

記者はさっそくそれを書いた。そうしたら、しばらくしてある奥さんがみえ、この間はありがとうございましたと。なんだったろうと思っていましたら、この間の新聞のお話を拝見しました、実は私もあのとおりで困ったな困ったなと思って、暑いところをよけい暑く暮らしていましたが、あなたがああおっしゃったのを読んで、ほんとうにそうだと思って、困ったなあをやめまして、一つひとつ仕事を片付けることにしましたら、たいそう仕事がはかいくようになったし、だいいち気持ちがたいへん楽になりましたと、こういわれました。

これも、なにも時間が延びたのでもなんでもない。ちょっと邪魔になるものをのけてみる。そうすると、そこにゆとりができ、何かしら、暑い日に涼しい風が入ってきたような気分を感じます。ほんとうをいったら忙しさに変わりはないのですが、忙しい忙しいと思うその心を減らすだけでこうなります。

禅の、わずらわしさや、とらわれから遠のく喜びも、これと趣きを同じくすると思います。

離欲にして正念正智に住し

これから先はちょっと難しくなりますが、

「彼は喜悦を捨離し」

喜びまで捨てる、これはたいへんなんですよ。今までは喜んでいたからわかっていたでしょうけれども、今度は喜ぶ心をも捨ててしまう。

「離欲にして正念正智に住し」

欲を離れて正念正智に住す、こうなると、前よりもこのほうが涼しいのでしょう。よかった、よかったと思うのはまだよけいで、よかったともうれしいとも思わないのですから、さっぱりするにきまっています。

「正念にして安楽に住し、第三禅に到達して住す」

これは坐禅の修行では今でもこのとおりであります。だいぶん自分の心がきれいになってきたなあ、これもいけない。きれいになったとおもう思いも捨てさせます。ここでもちゃんとそういっております。自分の心がきれいになっていい気持ちだな、これではまだいけない。それも捨ててしまう。そうして、そうも思わないところが第三禅であります。

最後にもう一つ進んで、

「彼は楽を捨て、また苦を捨て」

とあります。何もかも捨ててしまう。喜びや苦しみをも捨て去って、

「先にありし喜悦や、憂慮を辞し去り、不苦不楽にして」

苦しみもせず楽しみもせず、

「捨離正念に清められし第四禅に到達して住す」

一切を捨てたそのさっぱりとした正念に清められし第四禅に到達して住す、

「かくのごとくにして心定まり、浄まり、払われ、障りなく穢れを去り、柔輭《じゅうなん》となり、潤達となり、確立し、動揺を免がる」

こういうふうに第四禅のことをいっていますが、これが四つの禅の最高の段階でありま
す。これが根本仏教に見る禅の具体的な説明の代表的なものとしてよいようです。なお、
これをお釈迦さまはたとえでもって、なかなかうまくいっておられます。すなわち、今の
四つの段階の初禅のところに、
「あたかも剃髪師が金器《かなき》の中に」
頭をそる人が金だらいの中に、
「澡料《そうりよう》（洗い粉）を入れて、これに水を注ぎよくまぜる。こうすれば、その澡料は全
く潤いて、うちも外も潤沢にして何ものにも粘着するがごとく」
つまり、洗い粉を溶いた水がかたまり、髪の毛でも何にでもべたべたとよくつくように、
「かくのごとく、比丘は寂静の安楽に身を潤し浸してあますところなし」
つまり坐禅する人は、洗い粉を溶かした水がよくつくように、寂静の安楽にからだを
すっかりつけてしまう、こうたとえられました。これが第一段階であります。
第二の段階は、
喜びもなき安楽に身を潤し

「あたかも地中の泉に養わるる湖水が、東西南北いずれよりも水を受けず」よそからの水は一つも受けつけない。

「ただ地中よりわき出ずる清冷の水にて潤沢充満して、湖中清冽の水ならざるところなきごとく」

たまり水は熱いけれども、地下からわく冷たい水が一ぱいである泉のように、

「かくのごとく、比丘は止定の安楽に身を潤し浸してあますところなし」

坐禅して妄念妄想をすっかり捨てて純粋に坐禅の境涯になりきってしまった修行者は、ちょうどこの湖の水のように、清らかであり、涼やかであるというのであります。

第三禅は、

「あたかも蓮池の中に、青もしくは赤、もしくは白なる蓮華生じ」

インドには青い蓮の花があるそうです。お経に、お釈迦さまの目のことを青蓮目といいます。青い蓮のような目だというのです。お釈迦さまの目は青かったのでしょう。ここにも青、赤、白の蓮華生じとあります。

「水の中にひそみ、水に養われて、その花も根も冷水に浸り潤うがごとく」

つまり、蓮池にいろいろな蓮が生じて水の中で養われて、その花も根もすっかりその冷

たい水についているように、

「かくのごとく喜びもなき安楽に身を潤し、浸してあますところなし」

静かであるとか、清らかであるとかいう、喜びというものももうない。つまり無念無想の坐禅の境涯に浸ってしまう。その気持ちをお釈迦さまはこういうふうにたとえられています。

第四禅は、もっとはっきりしています。

「あたかも人ありて頭の先より足の先まで白浄衣《じょうい》を着して」

頭の先から足の先まで、すっぽりと白い着物をかぶって、

「その白衣におおわれざるところなきがごとく」

そのからだが白い着物に隠れないところはないように、

「かくのごとく比丘は清く深き心に身をおおいて全身あますところなし」

全部そういう清い心になってしまう。これが第四禅だということなんです。なかなかおもしろくたとえてあるから、ちょっと申し上げてみました。しかし、この譬えは、前の説明が四禅の段階をおって深まることを示したのと比べますと、平面的にただ禅定のよさを教えられて、特に初禅と四禅との竪の関係を示されてはいないと思います。

（これら原文の引用は姉崎博士の根本仏教による。）

等正覚を成じ三明を具足

だいたいこんなふうに禅のことが説かれておりまして、阿含部の経典には、後の禅宗でいうように、「豁然《かつねん》大悟」とか「忽然《こつねん》として覚あり」といったようなことは出ていません。そこで経典にはそれに似たものはなかろうかというと、やや似た記事があります。それは阿含部の経典ではなく、大乗の経典に属する方広大荘厳経《ほうこうだいしょうごんきょう》です。これには、お釈迦さまがお悟りをお開きになったときのことを、無明から老死に至る十二因縁を順に観じ、逆に観じ、ずっとご観察になって、最後に、

「菩薩、後夜分において、明星出ずるの時、仏、世尊、調御丈夫《ちょうぎょじょうぶ》、聖智のまさに知るべき所、まさに得べき所、まさに見るべき所、まさに証すべき所、彼の一切の一念、慧に相応し、阿耨多羅三藐三菩提《あのくたらさんみゃくさんぼだい》を証し、等正覚を成じ三明を具足したもう」

と、あって、やや頓悟に近い表現がされております。

しかし、これもお釈迦さまは、十二因縁によって観察を深められ、十二因縁の根本をなす無明《むみょう》が実体のないことを悟られ、根本の無明がない以上は、十二因縁のすべてもそうで

あるというところに達し、お釈迦さまは、これでわしは生死の輪廻から免れることができた、いわゆる悟りをした、というふうにいったのです。それを今いうように大そうむずかしそうにいっていますが、豁然として大悟というような禅宗の表現とはまだかなりの距離があります。今禅宗では坐禅坐禅といい、只管打坐《しかんたざ》とまで申しますが、お釈迦さまの悟りに達せられた禅は、やはり観法的な面から悟りに達せられたのではないでしょうか。

このあいだも、ビルマのウー・ヌー首相が講演したものの中でもふれていられましたが、仏道を修行してもこの世で悟りに達せられない、ほんとうの大安心、大解脱に入り得ない人々もあるが、それはむだであろうかという問題があります。これも根本仏教ではちゃんと説明しているのであります。それは、須陀洹《しゅだおん》、斯陀含《しだごん》、阿那含《あなごん》、阿羅漢《あらかん》、こう四果、四つの段階のあることとであります。

お釈迦さまの教えに従って、人間は、誰でも解脱ができるものだという信心をもって修行にかかりますが、まだ現世においてほんとうに修行ができない、ほんとうに成就しない、それではその修行は全く徒労になるであろうか、いや決して徒労にはならない、とこの問題に答えたのが四果の段階であります。

最初が須陀洹《しゅだおん》（預流果《よるか》）。これは仏道の流れに入った、預かったということ。つまり縁がないのではなくて、たしかに仏道という川の中に入った、この流れについていけばかならず到着点に行ける。これにおもしろいことがある。七有といって、七たび人間に出てきては修行し、それがすんではじめてほんとうの修行ができるもの。それから、一、二回はどこかほかの世界へ生まれかわってこなければならないものなどもある。しかしやがて仏道の修行ができて仏になれるのです。

その次は斯陀含《しだごん》（一来果《いちらいか》）。これは、この世で悟りは開けないけれども、もう一ぺんだけはこの世へ来て、その時はきっと行けるというだいぶん確かな方です。

その次は阿那含《あなごん》（不還果《ふげんか》）。もう人間に還ってこない、よそのすぐれた世界へ行ってしまう。すごろくなら上りに近いところにいって、再びふり出しに戻るようなことはない。人間よりよい天上界のような処《ところ》に生まれて、その次はきっと上りに行く。

上りということは阿羅漢です。ですから最後の阿羅漢は殺賊と訳します。一切の迷いは断ち切られ、すっかり煩悩の賊を殺してしまった大解脱の人が阿羅漢です。ですから阿羅漢果は、根本仏教では仏教徒の達し得る最高の目標であります。

理想はこの世で、この修行を成就するにあります。この問題は、実は古い問題ではなく、現代仏教の問題でもあるのです。ことに禅宗では悟るという目標をたてますから、もし悟れないなら苦労して暑いめをしたり、寒いめをしたりするのはむだじゃないかと、こう思う人は多いと思います。この四果の考えは今日でも通用する解答だと思います。

一子出家すれば九族天に生ず

仏道の信仰をもち、人は誰でも仏になれると確信して修行にかかりますと、すでに仏道の流れに入ったので決してよそへは行きはしない、そうして七へん目――七へんくらいはまだこの世へ出てこなければならぬかもしれません。けれどもこれは、われわれ日本人みたいにこの世の好きな人はいいけれども、インドの人は、だいたいはこの世が嫌いなんです。インドの人々は、この世はどうも苦労が多くてしようがないから、早くどこかへ行きたいという考えが多い。あんな暑いところであり、そこへ食物も足らん、何も足らんといったら、そう思うようになりましょう。

要するにインドの人はこの娑婆を逃れてどこかへ行き、なるべく戻りたくない。だから、まだ七へん来なければならないときくと、やれやれと思うでしょう。それがあと二、三べんとなると、そうかそれは助かった、私はまず近いほうだと思いましょう。それが一ぺんきりときくと、しめしめもう大丈夫と思い、もう人間の世界へ来ないというと、心からホッとする。こういうふうにして、この世で解決し得ない人には先の世に希望をもたせてあります。

このごろは貸金を何カ月も先へいって取るということでありますが、これは悟りの支払いを延ばしたような話、お金とは違ってこれはたいがい取れるでしょうけれども、とにかくここに、仏教の来世信仰という思想が含まれていると思います。

この世で成仏のできない人が、お釈迦さまの教えによって、この世でさようならしたらお浄土へ行って仏になる。往生ということは困ったということじゃない、向こうへ行ってもっとよいところへ生まれるということです。この次はよいところへ行けるという考えが、この教えの中にある。これが、もっと手っとり早く確かで、しかもむぞうさに行けるように、大乗仏教ではなってきました。阿弥陀さまを信じさえすれば、どんな罪悪深重の凡夫も、眠たいやつも、欲深いやつもかまいはしない、すぐにお浄土へ行って仏になれる。すこぶるうまい話です。しかし、これもこういうところから出ている。これは阿弥陀さんだけではない。ほんとうをいったら、インドでは天上界、天へ生まれるという。ですからこういう言葉がありましょう。

「一子出家すれば九族天に生ず」

一人ほんとうの坊さんが出たならば、その縁につながる九族が天上界へ生まれる。けれども天上界は、まだほんとうの極楽ではない。天上にもなお五衰ありというとおり、いろいろな迷いのある世界。だから天上界は、インドの人々の終局目標ではない。人間界よりはよいというだけであって、まだ迷いがあるところですから、だめなんです。天上界へ行って今度はほんとうの寂滅を楽しみとなすという悟りの世界へ行ける。

寂滅を楽しみとなす

だから、結局は成仏して仏になる。寂滅為楽、あれを皆さまは縁起の悪いことだなどと思いますけれども、ほんとうは、悟りの窮極が寂滅為楽ということです。もう、欲もなければ得もなく、ほんとうにさっぱりとして、死にたくもなければ生きていたくもない。こうなったら、原子爆弾が落ちてきてもなんともないということになる。こういう意味で、ほんとうに絶対の心の自由、安楽ということは、そこまでいかなければないのです。

こういうふうに、哲学的にものを考えるインド人は考えた。それですから、天上界へ生まれても、天上界が楽しみではない。それから先に、もう一つ行かなければならぬけれども、悪いほうへ行くのではないから、ちょうど、さいころをふって上るようなもので、上りのほうに近くなった。この世で悟りができない人も、修行を一歩すれば一歩だけ、二歩すれば二歩だけ、かならず悟りの世界に近づいていくという考え方、これは、やはり大事なことだと思います。

それから、最後の理想は寂滅為楽といいましたが、そのことにつき、お釈迦さまはこういうたとえも説いておられます。人間の妄想や迷いが消えてなくなることは、

「火花がとんで、あるいは地に落ちるに先立って消え、あるいは地に落ちてから消え、あるいは綿類を焼きて後」

ここに綿のかたまりがあって綿へ火がつく。そうすると、その火の生命はやや長くなって、綿が燃える間はあるけれども、綿が焼けきってしまえば、やがて火も消えます。

「あるいはたきぎを焼きて後消え」

たき火をしてたき木をくべますが、その火の生命はそのたき木のある間はあるが、たき木がなくなれば消える。

「あるいは山林を焼きて後消ゆ」

山火事となるとたいへんです。しかし、どんな大きな山火事も、最後に焼くものがなくなれば火が消えます。人間の罪も迷いも最後には必ず消えてなくなる。しかも正しい修行

をした人の状態には、そのものになる火花もないというのであります。

われわれの迷いはどんなにたくさんあっても、修行によってやがて消えてしまって、ほんとうに修行ができたら、その迷いのもとになる火の気すらなくなる、こういっておられます。この教えには、人間が究竟において成仏することを疑わない信心を含んでおりまして、今日の禅の信念と通ずるものがあります。

さて、私がろくにわかりもしない、根本仏教のいろいろの問題にふれてみましたことは、実はどうすれば仏教をほんとうに人類に役立たすことができようかという、私の寝た間も忘れない願いからであります。

ただ、今の禅は前にのべました四果などの考え方とちがい、人間には、本来仏と変わりない心がそなわっているのだ。その心を坐禅して見つけるのだ。坐禅してその自由さ、尊さ、絶対さを見つけるのだ。見つけるというとおかしいですけれども、坐禅することによってその心の本来の光が出てくるのだ。こういうふうに、ずばりと、肝要なところだけつかまえてやっているのですが、これが要領よくいけばよろしいのですが、ときとしてはあまり要領よくやろうとして、かえって大切なところを逃しているうらみもなくはないようです。

本来仏と変わりない心

修行をする僧侶にしても、その生活が昔の僧侶のようではありません。お寺をもてば役場へ勤めたり、学校の先生をやったりする。どうしてもその修行が徹底しません。こういう点に問題があります。戒律を捨てたというところに進取的な面もありますが、その半面、そういう教えをほんとうに、さっきのお釈迦さまの言葉のように、からだをその教えにつけきってしまい、浸しきってしまうというような生活は、失われつつあるのであります。といって、それでは今の人に昔のように、山の奥で日中一食して坐禅しておれといっても、それで満足する人もなかろうと思いますし、ここらを、われわれは考えなければならない。

私は、やはり禅僧の立場からいいますと、一日に少なくとも一時間か三十分、できれば一時間くらいの坐禅をお互いにする努力をしなければ、ほんとうのことはできないのじゃないかと思います。キリスト教のクエーカーの人々は、讃美歌も歌いませんし、お祈りもしません。しかし彼らは、神はわが心のうちなる光であるとして、その神々に接するために一日に必ず四十分ないし一時間の瞑想をいたします。彼らは、そうしてその生活を規律づけております。私ども禅宗の僧侶や信者もやはりそういうことは励行しなければならぬのではないかと思うのであります。

一般の仏教の研究をしていただく方も、信念なり信心なりを得ますには、頭の先で理解をしたということではいけません。お釈迦さまの教えも、こちらが坐禅するようにして、自分の心をほんとうに落ちつけてみる時に、はじめてじっくりと入ってきます。古くから仏道修行というとおり、どうしても実践にまたねばなりません。

このごろたいがいの方が、仏道の修行という場合に、修業と、「業」という字を書いています。どうしてああなったのかわかりませんが、仏道修行の修行は、必ず「行」でなければなりません。これは仏教用語の紊乱《びんらん》ではないかと思います。なんとかして訂正したいものであります。

仏道は修行です。こういう集まりごとにちゃんと手を合わして三帰依文を一同して唱える、これも一つの修行だと思います。形式なんかなんだいといいますけれども、ほんとうに形式をとってしまっても、なおその精神を傷つけないという人があったら、よほど偉い人であります。

われわれ多くのものは、形がちゃんとすれば精神もちゃんとする。仏道の修行はまず心をちゃんとする。同時に行いもちゃんとしたいのであります。その意味である程度の戒律的精神がなくては仏道の修行は成り立たないと思います。

それにいわゆる根本仏教から大乗仏教が分かれて、ここに二千年ほど経過しております。その二千年前にわかれわかれになった南方の仏教と、北方へ行った大乗仏教とが現在、はしなくもまた顔を合わすことになったのであります。これにはさっき申しましたように戒律の問題がありますが、これらに対して日本仏教徒はどうこれを解決すべきか。こういう重大な問題のためには、日本の仏教徒はみな立ち上ってもらいたいと思います。

（在家佛教　三一・三、四――講演筆記による）

坐禅は安楽の法門なり

百丈の清規と道元の普勧坐禅儀の中にある共通の語句

坐禅の仕方を教えたものに「坐禅儀」という文章があります。唐の百丈《ひゃくじょう》禅師がつくられたという「百丈清規《しんぎ》」のうちにおさめられております。

もっとも、この百丈清規は、のちにたびたび改訂され、今日、伝えられているのは、宋末か元初あたりに成ったものではないかと思われるのでありますから、坐禅儀も百丈の手になったままのものとは思われません。いずれ後代の人が筆を加えたものと思います。

ついでに百丈について少し申し上げておきます。禅が中国へ伝わりました時分、中国の仏教は、すでに、宗派化しておりまして、その宗派宗派がそれぞれの教義をもっていたのであります。そのなかの律宗は、とくに戒律を重んじましたが、それは日常生活を釈尊の御規定になったものに従っていこうという宗旨でありました。律宗にはこれという特定の修行はなかったようで、いわば、原始仏教、根本仏教そのままの生活様式を伝えたもので、それゆえ、禅宗の人々が禅をおさめるのに、まことにかっこうの宗派であったらしく、禅者の多くは律宗の寺院に住んでいたのであります。

それが達磨大師から九代目にあたる百丈によって、禅が宗派として独立し、同時に、禅専修の寺院も建てられました。そのとき、禅宗の生活規範、規則をつくりました。それが百丈清規とよばれ、禅宗の寺院の構造や、僧侶の生活のあり方を規定した、最初のものであります。そのうちに前にいった「坐禅儀」がおさめられているのであります。

日本には、道元禅師が、中国から禅を伝えておかえりになって、宇治の興聖寺において撰述されました「普勧坐禅儀」という名文があります。つまり、あまねく勧める坐禅儀という題の文章であります。道元という人は、かまえ方の高い人であって、人のいったことをそのまま、まねするような人ではなかったようですから、この二つの文章を比較すると、そこにはあきらかに文脈の相違がみられます。今日の言葉でいうと、孤高性ともいわれるべきものが道元にはあるし、文章も宗教的な香気のゆたかな、そして調子の高いものでありました。また、道元は、中国からかえってきたばかりの新進気鋭ともいうべき、年齢《とし》も三十をいくつもでていないくらいの年輩でありましたから、英気煥発というようなところがあらわれております。

「百丈清規」にある坐禅儀は、まことにおだやかなもので、きわめて淡々と坐禅はこうしてすべきであり、こういう心がけが大切であるということを説いているのであります。このように、一方は円熟しておだやかな人、一方は若い気鋭の人と、両方の著者の性格をならべてみるような感じを、この二つの文章から受けるのであります。

また、その文章の構成もまるで違うのでありますが、そのうちで、「坐禅は安楽の法門なり」というところだけは、双方ともぴったり同じなのであります。「百丈清規」のほうの「坐禅儀」では、

「ひそかに知る、坐禅はすなわち安楽の法門なり、人多く病をいたすことは、けだし用心をよくせざるが故なり。もし、よくこの意を得れば、すなわち自然に四大軽安、精神爽利、正念分明、法味神を資《たす》け、寂然《じゃくねん》として清楽《せいらく》なり」

とあり、道元の「普勧坐禅儀」にも、

「いわゆる坐禅はすなわち大安楽の法門なり、もしこの意を得れば自然に四大軽安、精神爽利、正念分明、法味神を資け、寂然として清楽なり」

とあって、この五つの語句は、まったく「百丈清規」の文章と同じであります。

精神爽利、正念分明、法味神を資け、寂然として清楽

こういうふうに「坐禅はすなわち安楽の法門なり」という言葉が、坐禅をひろめようとした中国と日本の代表的な祖師において一致しているということは、まことに興味ぶかいことであります。「もしこの意を得れば自然に四大軽安」とあるのは、からだが軽く安らかになることであり、「精神爽利」すなわち心持ちもさっぱりとし、「正念分明《しょうねんふんみょう》」――正念とは邪念に対する正念であるし、また禅のほうで申しますと、正念相続といって、迷いをはなれた心境のことであります。

そして「法味神を資け」で、坐禅をすると、仏法の味わいがおのずから心持ちをよくし、「寂然として清楽」であるというのであります。寂然というのは、静かなことで、そして清く楽しい。

このように坐禅が安楽の法門であるゆえんを、簡潔に述べられたのでありますが、ここで、すこしく坐禅ということを申しあげてみなければならないかと思います。

まず「坐」の字ですが、文字に書きますとき「座」と書く人もありますが、これは座席

とか、座敷の座であって、ほんとうは「すわる」という動詞の「坐」です。今日では、わが国でも坐る習慣が少なくなってきたためか、坐禅を窮屈にお思いの方もあるようですが、仏教の開祖の釈尊も、菩提樹下に座をおしめになって、きちんと坐禅をして、お悟りを開かれたように、正しい思惟のいちばんよいすがたは、なんといっても、正しく坐ることだと思います。

しかし、形だけ坐ればそれで坐禅だということにはならないのであって、達磨大師は、坐禅の要領を「外《ほか》諸縁をやめ、内心あえぐことなく」、外に対しては、ほかとのいろいろの関係をたちきり、「内心あえぐことなく」心を落ちつけて、「心牆《しようへき》壁のごとくして、もって道に入るべし」——心が牆壁のごとしとは、これは中国でできた言葉で、われわれにはちょっと理解しにくいのですが、中国にまいりますと、物持ちの家の塀は、りっぱで高くて厚い。そして、それがたいがいきれいに塗ってありますから、それに対すると、ドッシリとした感じがします。ちょうど、心がどっしりしたことが、そういう厚い壁のようであって、「もって道に入るべし」というのは、つまりはじめて禅に入る態勢といえると、こういわれております。達磨大師から六代目の六祖という方は「外《ほか》一切の境界に向かって心念起らざるを坐となす」と申しました。

外の一切の境界といったら、みなさんも、この周囲もそうですが、その環境に向かって心念起こらず、心が動揺しない、ああも、こうも思わない、それを名づけて坐となす。「内《うち》自性を見て動ぜざる、これを禅となす」。つまり、うちは自分の心のうちであり、自性というと、仏性ということで、お互いの本心ですが、禅的な言葉をもってすれば、本来の面目《めんもく》とか、父母未生以前の面目とかいうことであります。うち自性を見て動ぜざるとは、さっきいった正念に住し、デンとして動揺しない、それを名づけて禅となすと、坐禅の定義ともいうべきことをいっていられるのであります。

結跏趺坐の形式と調身・調息・数息観の意味について

そこですすんで、坐禅はどんなふうにするものなのか、それをお話しようと思います。それには、ここで坐ってお見せしたほうがよくおわかりのことと思いますから、坐ってみます。

この坐相ということは（ここで坐って見せて）実際に修行された人はよく知っていることですが、知らない人も実に多い。それにはまず第一にざぶとんを、尻のところだけややあつく、普通のざぶとんなら二つに折って、たてに尻のところにあてます。そうして、右足をこういうふうにまず左のももの上にのせ、次に左の足を右のももにのせる。これが結《けっ》跏趺坐《かふざ》で、釈尊がなさったといわれる本式の坐り方であります。

こうすると両方の脛《すね》が下についていますからよく安定していて、いくら居眠りしたって転げるようなことはない。しかし、いきなりこういう組み方をしようとしてもうまくいくものではありません。そこで、半跏《はんか》といって、いくらか楽な組み方を申しますと、右の足を左のももの上に組むだけでもいいし、左の足を右のももの上に組むだけでもいい、これを半跏趺坐というのです。

ところで、坐る形式は、どちらにしましても、背骨と腰とをぐっと立てることが大事です。そして掌は右を下に、左を上にして、膝の上にかさねる。そうして、からだを静かに前後左右にゆすぶって、背骨をずっとのばす。こうすると頭も、手も足も、みなまっすぐになる。心得として、肩と耳と対せよ、鼻の先と自分のヘソと、まっすぐにせよといいます。そうすると鼻のさきから分銅をさげたら、ヘソのところにいくように、まっすぐにということです。目は細くあけて、つむらないことです。よくふかくものを考えるときには、目をつむるがよいと思われていますが、坐禅のときには、目をつむると、かえって妄念が出ていけない。

また、坐禅は、岩の頭のような高いところや、風のひどいところではするなといっております。これは健康上にもわるい。高いところでは、どうしても心が落ちつきにくい、風のひどく吹くところは、体温を奪います。坐禅をするにはかならず静かなところにせよ、というのはそういう意味からです。

坐禅せば四条五条の橋の上
往き来の人をみやま木に見て

こんな歌もありますけれども、ほんとうは静かなところがいいのであります。そうして舌は上顎につけよ。達磨さんの絵は、口をへの字に結んでいるが、そうしなければ丹田に力が入らない、丹田とはヘソの二寸ばかり下のところです。丹田に力を入れるには息を調《ととの》えなければなりません。坐るすがたを整備することを坐相といいます。また、これを調身、身を調えるといってもよろしい。

つぎには、調息で、息を調える。鼻から静かに吸って、ヘソの下までグッといく、息がヘソの下に入るような気持ちになる。ほんとうは、息は入りますまいが、力を入れるから横隔膜が下がって、下腹部に圧力がかかる。なお坐禅の練習として数息観《すそくかん》というやり方を最初にさせる場合があります。数息観というのは、こうして息を吸って吐いて一つとし、二十まで数え、そして、また一から二十まで数える。丹田に力を入れて、はっきりと数えなければいけない。

こうして、体が調い、息が調うと、このつぎは調心といって、心を調える段になる。これがほんとうにできればりっぱなものです。それには、公案をもって坐らせる行き方と、公案なしでやる行き方とあります。

安心を得、生活を楽しむための安楽の法門に近づくこと

なかには、悟りを得るはむずかしいそうだ、坐禅したって悟らなければ無意味ではないかとお思いになる人もあるかも知れませんが、決してそうではない。そもそも、悟りとはいったい何か、第一それを知らなくてはなりません。釈尊が、お悟りになったのも要するに自分の心の根本を見抜かれたのです。これが悟りなのです。

そうして釈尊が最初にいわれた言葉が「奇なるかな、奇なるかな、一切の衆生は如来の智慧、徳相を具有する」というのです。奇なるかなは、これは不思議だということですが、

今の表現では、すばらしいということと同じでありましょう。ああすばらしい、すべての人という人は、みな仏の智慧も徳も備えているのだ、悟ってみれば、自分がそうであるばかりでなく、すべての人が自分と同じようなすばらしい心をそなえているのだと、これが仏教のいちばん根本の信心です。

仏教のブッダということは「悟った人」ということでありますが、悟りというのは、あたらしいことを覚えることではない。前からあった道理に気がつかずにいた人が気がついたことをいうのです。当然わかっておらねばならないことをわからずにいて、ひょっと気がついて、そうだ、そうだ、とわかることをいうのであります。

さて、私どもの常識でいえば、人間は生まれたら死なねばならぬものだと、誰しも思っております。肉体はかならず一度は滅びねばならぬときまっておりますが、しかし、死なねばならぬと思っている心、そのものに問題があるのです。すなわち、生命の問題について不安をいだくにしても、われわれの五臓六腑がそんなことを考えているのではなくて、われわれの意識の対象としてそれをとりあげ、もうわしも長くはないであろうというようにして悩む。釈尊の修行は、この悩むもの自体を突かれたのです。私どもの意識そのものを突かれたのです。

つまり死なねばならぬと思うこと、それ自体がゆうべの夢のようなもので、実体はないのだと悟られたのであります。釈尊だって、きっとゆうべの夢の喜びを見、あるいは悲しみを見たでありましょうけれども、きょうになってみれば、喜びも悲しみも二つながらあとはない。さっきの六祖の言葉の「内自性を見る」というのも、意識を超えた世界のことであって、それを自性とか、仏性とか、如来とか、仏心とかいうのであります。

私はこのごろ、この言葉もなるべく統一したいと思いまして、仏心というわかりよい言葉をつかっております。人間には、誰でもこの生死を超えた仏心がそなわっている。釈尊は、これをあきらかにしたさに、あのたくさんのご説法もなさっている。それですから禅の修行や信心においても、人間にこの尊い仏心があることを信ずることが第一です。

禅の修行や信心でも大切なのは仏心を信ずること

人間は、仏心の中に生まれ、仏心の中に生き、仏心の中に息をひきとる。このように、われわれは仏心をはなれることはない。生と死というものは、ゆうべの夢のようなものだ。それはまた水の上に浮かぶ泡《あわ》のようなもので、泡ができたからといって水がふえたわけではない。泡が消えたからといって、水が減りもしない。仏心の世界にわれわれが生まれてきたからといって、仏心が一塵を増したのでもなく、死んだからといって、一塵を減じたのでもない。坐禅は、実は、この仏心のうちにありながら、それに遠ざかりがちなお互いが、仏心に近づく修行です。形を調えるのも、息を調えるのも、こうして雑念妄想につつまれながら、思うまいと思えば、思わないようにコントロールする力をあたえてくれるもの、それが坐禅なのであります。

さっきも申しましたように、こんなことを考えるのは愚である。いたずらにみずからを苦しめるだけだから、やめたいと思うがやめられない。事実、これは大きな問題でありましょうが、それには、やめようと思うより、黙って、そういう心のうごく以前の心の世界に自分をもっていくのです。数息観にしましても十数える間は十、二十数える間は二十という、ただそれだけのことが、外から見たら無念無想の状態にあるのです。自分はいま無念無想の状態にあるなどと考えている無念無想などというものはない。まったく意味のない数を、はっきりと全精神をうちこんで、その数をピタリピタリと数えていたら、それは生をはなれ、死をもはなれ、一切の恐怖からもはなれた無念無想の状態であり、そういうふうに訓練することは、生や死を超えた仏心の境界に向かって、一歩一歩近づくことなのであります。

仏法に入る道はいろいろありますけれども、私のような立場からいえば、一声の念仏は一声の三昧、百声の念仏は百声の三昧です。ですから、阿弥陀如来の信仰に、念仏は形式だから必要ないという人があったならば、それは頭の信心で、生活の信心ではなくなってしまうだろうと思います。

坐禅も念仏も、その意味では同じで、坐禅をしなければ坐禅はわからない。ただいまでは、禅の流行は世界的でありまして、たくさんの禅の書物が出ておりますが、実地に坐った体験をもつ人の書物は、多くはありません。禅のぎりぎりのところは、むかしから教外《きょうげ》別伝《べつでん》・不立文字《ふりゅうもんじ》といいますように、文字をもっては、あらわすことができないのであります。

道元禅師の歌にも、

荒磯の波もえよせぬ高岩に
　かきもつくべきのりならばこそ

とあります。とても、書くことも述べることもできないというところがあるのです。しかし、また、真実が手に入った人からすれば、述べようとすればいくらでも述べられる。道元禅師も、九十五巻という正法眼蔵《しょうぼうげんぞう》の大部な著述をのこしておられる。

ですから、仏教の書物のうちで、おそらく量的にいったら禅の書物ほど多いものはないかもしれない。今日の学者方は、西洋哲学の論理的な知識をもって禅をあつかっていますが、またおそろしく難解なものになって、説明すれば、するだけ、本質と遠いものになってしまうようであります。しかし、それはそれとして、「坐禅は安楽の法門なり」と申しますように、安心を得、生活を楽しむためには、禅の修行をしていただきたいと思うのであります。

人生の真実としての「諸行無常・諸法無我」の説と現代科学

つぎに、根本仏教では戒定慧の三学ということをいいますが、それは、戒律の戒と、禅定の定と、智慧の慧のことで、仏教を学ぶ者は、ぜひともおさめなければならないとされているのであります。

いったい、禅定という文字にも妙なところがありまして、禅定という字は、中国の字ですが、あの禅という字には意味がない。禅という字は、中国では禅譲放伐などといって、天子が位を譲るときの禅位という場合につかう。位を譲るという字、また封禅などというときにつかう字でありますが、これは、インドのジャーナという言葉を、禅那と書いてその音をうつしたのです。ジャーナの意味が静慮、静かにものを考えること、すなわち定でありますから、禅定ということは、ノートというのが英語だとすれば、ノートの雑記帳といっているようなもので、重複した言葉です。

この戒律と禅定と智慧との関係は、私どもは子供のときから仏教の学問で、戒によって定を得《え》、定によって慧を得《う》と、教えられてまいりました。まず、戒律的な生活によって禅定を得、——つまり修行をして、それによって解脱の智慧を得る。この智慧を、如来清浄の智慧とか、あるいは滅苦の智慧とかいう。その智慧は、けっきょく禅定から出る。禅定によって智慧が出るということになると、禅定と智慧との関係はまったく不可分です。

今からおよそ百年前くらいまでは、日本でも諸行無常・諸法無我というような教義は、仏教独自の教義でありました。ですから大乗仏教を研究する者には、かならず予備教育として、諸行無常・諸法無我というような教理を教えたものです。ところが今日では、すべてのものごとは移り変わる、すべてのものごとに不変化な個性はないくらいのことは、中学生でも知ってしまいました。

このように、いつか、仏教の教えていた真理が、大衆全体の知識となったのであります。けれどもそれは私どもの自慢にはなりません。と申しますのは、仏教者が教義を説き聞かして、大衆をそこまで導いたのではなく、まったく文化の系統を異にした、ギリシャや、ローマの系統からきた、ヨーロッパの実証的な科学知識によって証明されたからでありす。釈尊がふかい思索によって得られ、また、その当時としても、もっとも知的な宇宙観であった諸行無常・諸法無我の法則が、一般に納得できたのは、分析的な西洋の科学知識のたまものであったのです。

しかし釈尊の説かれた真理が、二千五百年たって他から証明されたにもしろ一般の知識となったことは、教えの真実性が確認されたことで教えの勝利であります。もっとも平安時代、鎌倉時代のような仏教のさかんな時代には科学的・実証的には説明されなくても、人々は仏教の尊い教えとして、諸行無常・諸法無我の法則を、人生の真実として信じていたのであります。

如来清浄の智慧によって人間本来の健全さをとりもどす

「いろはにほへと　ちりぬるを」の歌も、それを教えている。そういうふうに、われわれの先祖は、人間の智慧として、この法則を生かして人生を生きてきたのであります。なお人間の正しい智慧は、諸行無常・諸法無我を知ることだけでなく、もっといろいろの面にはたらかねばなりません。

一例を身近な事実にとって申しますなら、原水爆の問題であります。原子力を解明してすばらしいエネルギー源を発見したことは、たしかに現代科学の大きい収穫でありますが、それが平和目的に用いられず、戦争用水爆の実験を繰り返すことによって、地球をつつむ空気を汚染し、人類はじめその他の生物の生存を不可能ならしめる危険があるというのに、その危険を解消する方法ももたずに、性こりもなくあの大規模の実験を繰り返している現代人の知識は、どうみても正しいとは思われない。

釈尊のいわれた如来清浄の智慧――仏の清らかな智慧は、かならず人類を幸福にするというものでなければとらない。あいまいなものはとらない、正しい撰択取捨をする智慧でなければなりません。人類や他の生物に危険をおよぼすような、不安をともなう現代科学のあり方は、正しい人類の智慧ではありません。いいかえれば、現代人の智慧は病的でゆがんでいる。この病気を治し、健全さをとりもどすために、現代人には禅的修養が必要だと思うのであります。

坐禅をするということは、人間の心をいろいろなとらわれから解放することです。正しい智慧は、とらわれのない生活からでなければ出ない。とらわれがあったら片寄る、片寄ったら批判が濁る。全人類の運命をかけている現代の大問題である原水爆実験ということも、各自に、わが国だけによければという利己的な欲がからんでいるから、やめたくてもやめられない。

坐ることの中にある現代人の病弊を正しくする働き

ちかごろの新聞を見ていると、頭の痛むような記事ばかりです。昨日でしたか、都の周辺で七人も自殺した人があると書いてあった。けさ新聞をあけてみると、福島で、常磐線の急行列車がひっくりかえって、たいへんな怪我人《けがにん》をだしている。また、神奈川県で、五十三歳かの模範的な篤農家が、孫の世話をやいていて小言をいったところが、息子が、子供のことは親がいるのだから、黙っていてほしいといったらしい。すると、おじいさんがカッとなって、その息子を小刀で突きに突いた。きっとふだんから気にいらぬことがあったのでしょうが、息子を殺すと家に火をつけて焼いてしまった。

私はここに現代人の病気があると思ったのです。頭ばかりで、腹の力がぬけている。

せっかくの篤農家で、仕事には誠実であった人でも、人間としての力がない、落ちつくということがないから、生活の破綻を招いてしまったと思うのです。

「瞋《いか》りは是れ心中の火、よく功徳の林を焼く」とお経にもありますけれども、ついカッとなると、ものの道理をわすれてしまう。まさしく、怒りは心中の火であります。

下腹に力を入れ、心を落ちつかせてくれる坐禅は、心の病気にとっては絶対の薬です。今の人は腹を練ることをわすれて、頭、頭といく。頭のいいという人を絵に書いたならば、頭でっかち尻すぼみというような人間ができる。腹に力を入れ、腹を練る。むかしの人は腹ということをやかましくいったものです。あいつは腰のすわったやつだとか、腹のできたやつだとかいう。頭のできたやつというのは、このごろの話でしょう。

私は今日、自殺した篤農の人の記事を見て、ほんとうにもったいないことをしたと思う。こういう人が、坐禅に縁があって、ひまな時に居眠りの一つもしてくれていたらと思いました。

ちかごろ、アメリカや、ヨーロッパでは、禅をもてはやしていますが、それは世界中の人が一種のノイローゼになっていて、禅を精神の分裂から統一へ、興奮から鎮静へと、安定した気持ちをもたらす修養法の一つとして関心を深めたようであります。

機械文明がぐんぐん進歩して、人間の頭が機械の進歩に追いついていかれないようになった。機械は便利だけれども、人間が機械の奴隷のようになっていく傾向がある。そこには調和がないからいたずらに機械に引きずられて疲れてしまう。そこで、ノイローゼから浮かびあがるために、精神のよりどころを、どこかに求めなければならない。

私は医学を知りませんけれども、この坐禅をしますと、たしかに健康にいい。さっきいったように、四大軽安にして精神爽利、正念分明、そうして法味神を資くという利益があるのです。

日常生活における心のあり方と坐禅の効用について

私は、少年のとき、両親に死別し、ひじょうによわくて、みずから三十歳までは生きまいと予想していた人間です。したがって、生命の問題をはっきりさせて死にたいと思い、数え年十七の秋から坐禅ばかりしたのです。ですから、私は、若いとき正規の学校に行けなくて、晩年になって不規則的に学校に入った。誰も、私をたいがい肺病だと思ったくらいによわかったのですが、それがごらんのとおりまだ生きている。のんきで自分の年齢《とし》を忘れるくらいになっております。それを、私は坐禅のおかげだと思っているのであります。

頭の疲れたときなどは、寝るのもいいが、坐禅をするといちばんしっかりいたします。

坐禅の要領は姿勢を正しく、背骨をまっすぐにし、腹をたてて丹田に力をいれて背骨をのばす。そうして、いっぺん背骨をまっすぐにしたら、両方の肩の力をぬく。背骨だけをしんぼうにして、あとは楽にしてしまう。からだのよわい青年は、たいがい睡眠ができないものです。そういうときは、寒い夜なかでも起きて坐禅する。これが眠りにつく奥の手です。今夜は寒いからといって、ふとんをかぶったりして坐ったのではだめです。またもう眠くなりそうなものだなどと思っていてはだめです。

そんなとき、グッと起きて、本式に力んで、寒中でも汗ばむくらいの勢いで、三十分も坐ってごらんなさい。そうして寝たら、枯木を倒したようにかならず眠れます。これも安楽の法門の一つだと思うので、あなた方に伝授いたします。

ついでに申しますと、坐禅をするには、食物を食べすぎるのはいけない。若いときはいくらでも食べるものですが、あまり食べてはいけない。そうかといって、腹がへりすぎるのもいけない。だから、食後にはあまり力んで坐らないほうがよい。

われわれは、ものの判断を正確にすることがだいじです。つまり、個人生活においても、社会生活においても、あの人のいうことは正しいと信頼されるようでありたいものです。

それには、心の落ちつきが肝要です。心の落ちつきを得るにも修養がいります。修養のない者が非常なことに出あうと、緊張して固くなります。固くなったら冷静な判断も自由なはたらきもできません。坐禅をしているとそこがうまくいく。坐禅でなくても、お念仏でもけっこうです。一心にお念仏をしていると、欲も得もない、したがって判断もうまくいく。

私の若い時分に、大阪に山口玄洞さんという実業家がありました。ひじょうにお金に縁のあった人で、お金がもうかってしようがないというくらい、もうかった人だときいていま す。その人が、比叡山のお寺に行って、居眠りだか念仏だかしていた。その人が株なら株を売ると下る。買うと上る。みながあの人のすることはおかしいといったそうです。それは欲にとらわれないで景気を判断したからでありましょう。

私は、その話を聞いておもしろいなと思いました。だれでも、金ももうけたいし、事業に成功もしたいけれども、ただ、成功したい、金をもうけたいといって、目の色を変えて走りまわったって、もうかるものじゃない。やはり、落ちついた心境になって、判断をあやまらず、欲ぼけにぼけないようにしている人のほうが成功です。

私はヘボ碁をうちますが、欲ばったらぜったいに勝てない。碁というのは不思議なものです。人の石をとってやろうと思っていると、かならず自分の石がすきだらけになって、いつのまにか、とられてしまう。人の心のうごきはそんなものです。また心のせまい人が坐禅をすればやわらかな心の人になるし、とげとげした心の人が坐禅をすればやわらかな心の人になるでしょう。私は、真実の深い慈悲や愛は、心の落ちついた、ゆたかな心からでなければ、出てこないと思います。

われありと執着するところに一切の迷いがおこる

このあいだ、ニューヨークのリバーサイド・チャーチという、ニューヨークでいちばん大きい教会の主任牧師マクラケンという人が、知的交流委員会の招聘で日本にまいりました。実は、先年、私はニューヨークでこの人を訪ねて話しあったことがあるのですが、こんどは鎌倉に訪ねてまいりまして、三時間にわたって、じっくりと話しあいをしたのであります。

そのとき、マクラケン氏が「私はクリスチャンですが、キリスト教でいう人間の原罪は利己主義にもとづく考えや行為だと思う」といわれました。これはひじょうに妥当な言葉だと思います。そこで私は「あなたのような考えをしてくれれば、仏教とちっともちがわない」といった。仏教でいえば無我なものを、われありと執着するところに、いっさいの迷いはおこってくる。これが釈尊の教えでありますが、「お互いに宗教者の立場から、人類の危機ともいうべきこの原水爆の問題を一日も早く解決しよう。それには、みんながやめないのは戦争を予想しているからだ。世界を、戦争のないようにしなければならない」ということになり、世界国家的理想を語りあいまして、まことに愉快でありました。

いま世界にある宗教は、みなそれぞれの歴史をもっております。それにともなう儀式や教義もありますけれども、宗教の一義的な目的は、なんといっても人間を真実に幸福にしてやりたいということです。それには、教義も真実でなければなりませんし、他の宗教に対する批判もともなわなければなりませんが、いま私が、キリスト教やマホメット教の人たちに、あなた方の教義が間違っているからいけないなどといってもはじまらない。

ですから、私は歴史的宗教の形成される以前の人類の要求ともいうべき、自分をも他の一切の人類をも幸福にしようではないか、という願いが、宗教者の願いであるとしたならば、こういう広場にたてば、宗教の歴史や形式の一切を超えて手をにぎれると思うのであります。

それをマクラケン氏に話しましたところ、彼も賛成してくれましたが、しかし彼は嘆息するように、「私とあなたと話しあいをしているような考えを本当に理解してくれる者はアメリカにおいて人口の一パーセントもないでしょう」といいました。

私は「それはそうだろう。けれども、人間の世界はその一パーセントかそこらの指導層の自覚いかんによって、右へも左へも動くのだ。いまアメリカの自由主義陣営の指導者としての責任はひじょうに大きいが、もう一歩すすんで、人類に対立抗争のない平和な世界を建設する、宗教的活眼を開かせるのは、あなた方アメリカの、指導層の責任であるのだ。だから、あなた方の仕事は大切だ」というと、マクラケン氏は「ほんとうにそうだと思う。こういうことの理解は、宗教家か、進んだ科学者にしかない。私は、来年アメリカの知識層を対象として、ながい連続講演をする予定になっているが、ぜひ原水爆の実験も禁止し、国家の対立を解消するように、その講演の中に付け加えよという注文が、二、三の科学者から来ている。科学者はああいうものを発明して、深く責任を感じてもいるし、その害の恐るべきことも知っているから、こうした理解もある」といっていました。

真実の幸福を得る者には禅的な修養が大切である

私は、これは当然だと思います。日本でも科学者の立場から湯川さんたちがいち早く声明をし、今は挙国的な運動となってきました。私は四年前に、アメリカでもいって歩いたし、ヨーロッパでもいって歩いた。なぜ世界の科学者たちが、この原水爆をつくることにボイコットしてくれないかとまでいった。これは一日も早くやめなければいけない。それが人類の良識であります。

どんなに頭のいい人も、落ちつきを欠いたならば身の破滅をまねく。精勤者といわれる人も、そういう意味ではたよりにならないのです。

世界の学者たちや、指導者たちも、ただ目の前のことだけにとらわれて、この大局が見えないではこまる。今の時局は、今まで使いならしてきた一国家や一民族の運命を意味する大局ではない。これは全人類の運命を決する、真実の大局でもある。それが見えないのは、頭で考えて、既成観念をいでることができないからです。

そういう意味で、私は個人や人類の知性の健全さをとりもどすため、真実の幸福を得るためには禅的な修養、もっと率直にいえば、坐禅が大切であると思い、坐禅は時代にかかわりなく安楽の法門であるといってよいと信ずるものであります。

（在家佛教　三三一・七――講演筆記による）

仏心をめぐって

つねに善を思い
善を行う人の面は
つねになごめり

同老相憐

昔から親孝行をしなくてはならないという教えはあるが、子を愛さなくてはならないという教えはない。これは反面に親は粗末にしやすいが、子は自然に粗末にしないという事実を含んでいると思われる。どうも、たとい粗末にされても子供はこれに不足をいい、抗議する力がなかったがためでも、年寄りは働く能力はなくなっても、口だけは達者で、粗末にされれば、やかましく抗議するからではなさそうである。

この根本はおそらく人類が、その長い歴史において、自然に身につけた種《しゅ》の保存のためという、若いものと年寄りと、そのいずれかが死なねばならないという場合、人生の役割は一通り果たした年寄りが身をすてて、未来にその役割をになっている若いものを助けることを当然とした時代もあったであろう。そうした意識が人間の生活の底にひそんでいて、子を愛することが、その目的にもかない、また平常時にあっては、老後の生活の保護もしてくれるという、打算もともなって、子に対してはああいう深い愛情をもつに至ったかと思う。

子をもって知る親の恩というように、子をもたないものには子への愛情がどんなものかはわからない。手近な例をもっていえば、親を失って墓参りをしないものも、子を失うとかならず墓にもまいり、しみじみと死の問題も考えるようになる。

こんなことを書き出したのは、別に親孝行の説教をしようとするのではない。私くらいの年配になると、友人の多くが、生活の問題や、すすんでは死後のことを、いやおうなしに考えねばならないのが今の世の実際であるからだ。死後のことといってもかならずしも死後の霊についての精神的なことに限らない。平たくいえば葬式や墓のことまで心配の種となる。死んだ後《あと》は誰かが、どうかしてくれるにきまっている。戦前のような社会ならそう思ってすまされたであろうが、この頃だとそうはいかない。生きている親の面倒も見てくれる能力のない子供に、その上、重い負担をかけると思うと、死ぬにも死なれないという切ない思いをもつものも少なくない。まことに同老相憐の情にたえない。

それについてであるが、こうした社会になったことは悲しいが、こうなった責任が誰にある、彼にある、といってみたところがはじまらないし、いくらくよくよしてみても解決はつかない。いたずらに思い悩むことは苦しい生活をいっそう苦しいものにするにすぎない。ところがここがうまくゆかず、悩むものが非常に多い。それも、過去に相当な才能があったり学問や地位があったりした人ほど悩む。そういう人は若い時から青雲の志をたてて、刻苦し努力した結果が水の泡となったのであるから、いかにも残念であろうが、それでもそういう人は、過去の努力でたいがい恩給のようなものも、十分でないにしてもある。社会には、一文の恩給もなく自分の働く途を失えば、社会保障の最低給与に生きるほかはない人もあるのだ。それを思えば、そういう人はまだよいほうである。

古人は富貴に素《こころざ》しては富貴に行い、貧賤に素しては貧賤に行うといったが、今のような時代こそ、こうした心がけを味わうべき時ではなかろうか。富と貴きとは誰でもが欲するところだが、かならずしも誰もが得られない。貧と賤とは誰もが望まないところだが、時として拒むことができない。人間がもし富貴の順境に処しては得々とし得ても、貧賤という逆境に入ったらすぐぺしゃんこになってしまうとしたらつまらぬものだ。やせ我慢でもよい、貧乏はしても、志は何人の下にもおらぬぞという気概はもてないであろうか。

昔は武士は食わねど高楊子といった。人間は食わないわけにはいかないが、衣食住の生活は最低でも、精神だけは高く、できたら最高にもつことはできまいか。たとい着るものや持ちものがわるくとも、その人の精神や気魄はかならずその容貌や風格にでるものである。ぼろにつつまれても真珠は光る。その眼を見ただけで頭のさがるような人も事実この世にはいる。またこうした心構えができた人なら、健康なら健康で、病んでいれば病んでいるそれぞれの境遇で、かならず適当に身を処する術を知っているものだ。積極的にはたらく能力がないとしても、その人の心がけ一つで周囲へかける負担を軽くすることもできるし、少なくも厄介視されたり、厭がられたりはしないようにできるはずだ。

また年寄りには若い人にない経験もあり思慮もある。それらは時として若い人々に高く評価され信頼されることもある。それだのに年寄りが邪魔にされ厄介視される例の多いのは、年寄りに自分のおかれた社会情勢がわからず、自らを処置する知恵に欠けているからだ。これはお互い年寄りとしてふかく考慮すべきところだ。

人間は誰でも年をとり、やがて死なねばならない。この運命に対してあらかじめ宗教的信心をもち、そして今日のような苦しい社会生活にもうまく生きて、自分も楽しく、はたにも迷惑を少なくして、時が来たら悠々として生を終える。つまり手ぎわよくこの世を引き上げることができたら、この人は人生を生きる最高の技術を体得した知恵者といってよいと思う。

仏教では信心のできていない人の死は、死門に甘伏すといって、運命に無条件降伏だというが、仏心の尊いことを信じたものには、死も死ではない。逆に死の征服者とする。過去の生活には成功不成功もあろうが、この問題はお互い年寄りが現在当面していることで、やればやれる。これからでもおそくはない。芝居も幕切れが大切だ。一つうまくやって、若い者たちにどんなものだといってやろうではないか。

（円覚　昭和三一・九）

お年玉

新年おめでとうございます。私の話はいつも信心のこときまっていますが、魚屋さんは魚を売り、八百屋さんは青物を売るのが商売、私どもは信心をすすめるのが商売、というとおかしいが、まずそういってよいと思います。魚屋さんや八百屋さんが、その品物を吟味して、新しいもの、よいものを売ろうとするように、私どもは正しい信心、本当に人間を幸せにする信心をすすめねばなりません。

また、いくらよい品でも、あまり価が高くて、お客に手の出せないようではこまりますように、信心も正しく、本当に人を幸せにするものであり、誰にもわかりやすく、入りやすくなくてはこまります。

ご承知のように仏教には、たくさんの宗派がありまして、それぞれの教義をもち、それぞれの信心をすすめていますが、今日から見ますと、その宗旨の成立がずっと昔であるため、その説き方や教え方に無理があり、同じお釈迦さまの教えだといいながら、互いに排斥し合ったりして、どうもしっくりしないところがあります。

そこで私は、お釈迦さまの教えの根本である悟りの道を伝えた、禅宗の立場に立って、代々の祖師方の示されたところを、わかりよく説いて、仏心をおすすめしております。

仏心の信心とはどういうことかといいますと、お釈迦さまがお悟りになりました時、まず、第一におっしゃったことは、〝ああすばらしい、今まで人間は生まれてきたら、かならず死なねばならないものとばかり思っていたが、悟ってみれば、人には誰にも、生き死にを超えた、生きどおしの仏心がそなわっていたのだった〟というお言葉です。つまり、お釈迦さまも、この仏心を見いだして本当にご安心なされたのです。

人間にとって、何が大切だといっても、生命より大切なものはありません。私どもが病気を心配するのも、それ喜寿だ、それ米寿だといって長生きしたのを祝いますのも、みなそのためであります。

しかし、いくら大切に思いましても、この肉体の生命のはかないことは、ご承知のとおりで、せいぜい生きても百歳くらい、もろい時は、ハッと思う間に失われてしまいます。これを考えますと、何をするのも無意味になりますが、お釈迦さまの教えですと、私どもはみな永遠に生きどおしの仏心をそなえているのであります。

仏心をそなえているといいますと、なにか貴重なものを胸の中にいれているように聞こえますが、そうではない。仏心は永遠に生きどおしのものであるばかりでなく、広大無辺なもので、全宇宙をつつんでいるのでありまして、私どもが生まれましたのも、死ぬという肉体の息のとまるのも、みな仏心のはたらきで、私どもはいつどこにいても、仏心からはなれることはないのであります。

ですから、死んだあとはどうなるだろうかと思い悩む人もありますが、そんな心配はいらないのです。仏心は、生や死を超えていると申しましたが、それだけでなく、仏心はいつも浄らかな、いつも静かな、いつも安らかな、いつも明るいもので、一切の苦しみや、悲しみや、不安のない世界で、死はその世界へもどることです。

慈雲尊者という尊い方の歌に、

阿字の子が阿字の都をたちいでて、またたちかえる阿字の故郷とありますが、阿字とは大日如来をあらわす記号の文字で、ここでいえば仏心であります。つまり仏心の子が仏心の都から旅に出て、あちらこちらさまよっていたが、やがて気がついて仏心の故郷へ帰るというのです。

この仏心の世界を都にたとえることは、昔から祖師方の好んでもちいられたところで、都は首都のこと、その国の首都はどこでもその国中でいちばんよいところ、人間の生活条件がすべてそろった楽しいところという考えからで、浄土とか天国とかいういい方を、現世的にいったものであります。

仏心の信心をするについて、私はお釈迦さまの御名号、ナムシャカムニブツと唱えましょうとすすめますが、これはいつも申し上げるように、インドに二千五百年前に住んで、八十歳で亡くなられた人の名を唱えて、なにになるかと思われるかも知れませんが、お互いすら仏心のあらわれです。その仏心をお悟りになったお釈迦さまは、歴史上の一人物であると同時に、永遠に生きどおしの仏心そのものであります。同じ仏心のあらわれだといいましても、また、たといこれを信じましても、私どもはうっかりすると、つまらない妄念のために引きまわされて、仏心の徳をくらまして苦しんだり悩んだりします。

そこでナムシャカムニブツと、唱えますことは、そのみだれがちな心を調え、妄念をうちはらって、仏心にたちかえるはたらきをするのであります。お釈迦さまのことをお経の中に、万徳円満の釈迦如来とありますが、お釈迦さまが、すなわち仏心でありますから、よろずの善、よろずの徳、みなそなわっているのであります。ですから姿勢を正しくし、合掌し、心を一つにして、ナムシャカムニブツを唱えますと、かならず悲しみはうすらぎ、暗い心はあかるく、せまい心はひろく、ぐったりとした心もはりきってまいります。

こういうことは理屈ではわかりませんが、実際におやりになればすぐわかります。この唱名は他力でも自力でもありません。仏心の上には自力も他力もありません。仏心をもって仏心を念ずるのです。仏が仏を念ずるのだといってもよろしい。

この頃、新しくひろまっている宗教の多くは病気が治るとか、お金ができるとかいうことで、人を引きつけていますが、正しい仏教では病気するには病気する、貧乏するには貧乏する、それぞれそうなるわけ（因縁）があってなると理解しますから、ただあの仏をおがめば、このお経をあげればとはいいません。病気の治療は医学に求めます。その場合、あらゆる研究はすべきで、西洋医学ばかりでなく、漢方にもはりにも灸にも求めるべきです。しかし中には、現代の医学では治らぬ病気もいくつかあります。その時は悲しいとは思いますが、もともとこの肉体には限りのあることですから、あきらめて正しい信心をふかめ、心を落ちつけ、心を楽しくして仏心のふる里へかえる覚悟をしましょう。

こうした正しい信心のない人は、医学で治らないと聞きますと、あわてふためいて、そういう人をよいかもと思って待ちかまえている、いわゆる祈禱師とか、教祖とかいわれる連中の網《あみ》にかかり、それは信心が足らないからの、物のささげ方が少ないからのと、さんざんしぼりとられて、結局は不治でおわるのであります。そういう時の手管はたいがい先祖や親戚の霊のたたりとか、方位がどうとかいうのでありますが、仏心の信心からいえば、みないいかげんのことです。

また一部のもののいうように、ある種の祈禱がすべての運命を変化さす奇蹟的な力があるとすれば、その人に役だつ時はよいでしょうが、逆に他からその力をもちいて、こちらをのろわれたら、それこそこまったもので、原子爆弾の所有者よりも危険であり、始末がわるい。たまに祈って霊験があったというのは、その祈りのかなうような、ほかの因縁(条件)がそなわっていたからです。

菅原道真公の、

心だに誠の道にかないなば、祈らずとても神やまもらんという歌のこころ、誠心誠意、ベストをつくして、神仏に無理な祈りなどしないという心構えは、知性あるものの失いたくない覚悟であります。

そこで、個人も社会も、人類全体も、本当に幸福になるためには、正しい仏心の信心に入り、唱名によって信心の境涯を深め、生命の問題をとき、いろいろの運命にあってもまごつかず、いつも広く、落ちついて、死もまた楽しという生き方をするにあると思います。これが私のみなさんへのお年玉であり、今年の初荷であります。

ナムシャカムニブツ。合掌。

（法光　昭和三四・一）

無縁供養

お彼岸は、盆とともに仏教徒の年中行事のおもなおつとめの一つであります。祖先や親類や知人や、無縁といって直接は縁のない人々の霊をまでまつって、その冥福を祈り、その徳にむくいたり恩に報じたりする、やさしい人間味のゆたかなおつとめであります。

他の宗教にも縁のある人々のためにするおつとめはありましょうが、この無縁の人々の霊をまつってあげる、この精神は仏教の信心の特色であります。普通の考えでは、「あかの他人」などという言葉がありますように、親類とか、つき合いがあるとかいう人のほかは、全く縁のないように思いがちでありますが、仏教の信心からいうと決してそうでない。釈尊がお悟りになり、お示しになった私どもの心の大本《おおもと》から見ますと、行基菩薩《ぎょうきぼさつ》が、

　ほろほろと鳴く山鳥の声きけば、父かとぞ思う母かとぞ思う

と仰せられたように、すべての人どころでなく、けものも鳥も、魚も虫も、またそうした生命のあるものだけでなく、山も河も草も木も、みなお互いの心のあらわれであって、その中の一つとして縁のないものはないのであります。

　この信心からしますと、縁者や知人の霊をまつりますよりも、この無縁の霊をまつるほうがはるかに深い宗教的な気持ちだともいえましょう。また実際として無縁さんをまつるほどの人なら、きっと有縁の仏さんを大切にまつりましょう。また亡くなられた人々に対してそうするほどの人ならば、生きている人々に対してもきっとやさしくするでしょう。

　この頃はいくらかおとろえたようですが、戦争前はかなり盛んであった行事に「無縁さん洗い」がありました。どこへ行っても無縁さんの墓は荒れるにまかせたもの、それを掃除して草をとったり、石に生えたこけをはいで、ささらで丁寧に洗ってあげるのです。たしかにやさしい気持ちのあらわれです。人間の世界のことは、たいがい報酬を求める心がつきまといますが、無縁さんのお掃除をしても世間の誰からもお礼はいわれない。しかしこうしたやさしい行事にいそしむほどの人は、あの冷たい石に温かい情味を感じ、ものい

わない石から深い感謝の言葉をききましょう。

お寺や共同墓地には、かならずこの無縁さんを代表した「有縁無縁三界万霊《うえんむえんさんがいばんれい》」という石塔があるものですが、先年、越後の南魚沼地方へ参って、その辺の一軒一軒別々にある個人墓地に、ちゃんと一本ずつ三界万霊塔がたっているのを見て感心いたしました。そういう家では無縁さんを自分の家の仏としてまつっているのです。お寺の墓地や共同墓地では、無縁さんには参る人もあり参らない人もありますが、そういう家ではお花もお線香もすべて、一人前ずつそなえてご供養するわけです。鎌倉あたりでも旧家にまいりますと、お仏壇には三界万霊のお位牌のあるところはありますが、石塔はそうはありません。

栂尾《とがのお》の明慧上人《みょうえしょうにん》は、信者が「一つ私の家族の安泰と幸福とを祈っていただきたい」とおたのみすると、「私は毎日、朝に夕に一切衆生のために祈っている。あなたにたのまれたからといって、あなたにだけ特別に祈ることは、私の平等の慈悲に差別がつくことになるから、きいてあげるわけにゆかない」と、おことわりになったということです。

私どもがおまつりをするのに、縁の深い人ほど深い心持ちをはこぶことは自然の情で、とがめることはありませんが、こうしてまつってあげる人をもった仏のほかに、誰もまつってあげる人のない無縁さんもあることを忘れないことは、亡い人をとむらう上にすらあらわれたがる、私どもの利己心を反省するに大事なことだと思います。

明慧上人が個人のために祈らないとおっしゃった平等施一切《びょうどうせいっさい》（平等に一切に施す）の、大慈悲は尊いことだと思います。

またこんな伝説をきいております。平安朝の仏教界の偉人慧心僧都《えしんそうず》は、わが国に浄土信仰をとなえた先駆者であり、『往生要集』の著者として有名な方であります。ことに仏画の好手で、その構図になる「山越えの弥陀」は、仏画史の上に一時期を画したものといわれます。という意味は、それまでの仏さま——ここでは主として阿弥陀如来は、西方極楽浄土の本尊として仰がれ、光顔巍々《こうげんぎぎ》として浄土にましますとされていたのを、平安朝の感傷的な人心を反映して、信仰する者に対しては、阿弥陀如来が積極的に、その個人に対してわざわざ迎えに来てくださるという意味から、山の向こうへ来てくださっている弥陀を描いたとされています。

それ以後の仏像は多く拝む信者がお顔を見上げる眼《まな》ざしと、上から見下《みおろ》される慈眼とぴ、たりと合うようにできているとききます。しかるに、この慧心僧都が後に、信者の個人個人に慈眼をそそがれる差別的な慈悲を表現した仏像にあきたらなくなられ、太秦《うずまさ》の広隆寺にある、あの堂々としてはるか遠くの、無辺際《むへんさい》を見つめていられる阿弥陀如来のお像を尊ばれ、わざわざ叡山から下りて太秦までお参りにおいでになったということです。

この無辺際――はてしのない広い空間をご覧になっているというお姿は、そこにあらわれた一人ひとりの人でなく、十方世界のあらゆる衆生を平等に念じていられるお姿であって、近づいて拝もうが拝むまいが意にかいしられない、そのかわりどんなところでどんな人でも念仏される人があれば、かならず摂取してくださると思えるお姿であります。

この伝説にうかがう慧心僧都のお心持ちも、明慧上人のお心持ちも、私どもが無縁さんを供養しようとする心に通うものがあると思います。私どもが縁のある仏を供養するとき、供養される縁のない仏を思い、自分や家族がむつまじく、だんらんするとき、だんらんする縁のない人もあることを思う。私どもがましな着物をき、ましな食事を頂くとき、着物にも食事にも不自由している人のあることを思う。

そんなことを思うと、楽しいときも楽しくなく、おいしいものもおいしくなくなるというかも知れませんが、自分だによければと、はたに凍《こご》えた人、飢えた人のあるのを忘れた生活は動物でしかありません。仏さんのように、世の生きとし生けるものの悩みをことごとくつつんで、そうしてあの静かないつくしみにみち、どんなことが出てきてもおどろかない、力づよい大智慧にかがやく生活もあり得るのです。たとい及ばないまでもそのつもりでつとめましょう。
お彼岸をむかえて、無縁さんのご供養についてこんなことを考えてみました。

（法光　昭和二七・九）

地獄をやぶる

わが宗門でお盆といえば、かならず施餓鬼会《せがきえ》を連想します。もともとお盆は施餓鬼をして餓鬼の苦しみを除いてあげたことを盂蘭盆《うらぼん》（逆さにつるされた苦を救う）といったことが、おこりであります。ですからお盆に花や香や灯明を上げたり、供物をそなえたりしましても、ただそれだけでお経をあげませんでは、物の供養はととのっても教えの供養が足りません。そこで棚経《たなぎょう》といって施餓鬼のお経を上げるのであります。

その施餓鬼のお経のはじめに、「もし人、三世一切の仏を知らんと欲せば、まさに法界の性《しょう》は、一切唯心造なりと観ずべし」という言葉があります。この言葉を、昔から「破地《はじ》獄《ごく》の偈《げ》」（げとは詩ということ）地獄をこわしてしまう言葉と申しております。この短い言葉の精神が施餓鬼のお経全体の精神であり、いちばん大切な教えなのであります。

これは華厳経《けごんきょう》に出ている言葉でありまして、私どものすむ世界の一切はみな心のあらわれであり、過去・現在・未来の三世の仏さま方すらもそうであるというのであります。

こういう言葉はお経の中にはしばしば出てくるので、多くの人が格別注意をしないのでありますが、実はこれはすばらしい教えなのであります。たいがいの宗教ではこの世界、天地や山河、人間、鳥獣なども、神さまがつくったものだとか、神さまの支配のもとにあるものだとか説くのでありますが、仏教は断然ちがいます。それらの自然や動物はいうまでもなく、人間のもつ歴史も人物も、宗教も道徳も、学問も芸術も、科学的知識も技術も、その生産品までも、ことごとく心の所産であるとするのであります。

この中の天地・山河・動植物等々は、常識からいえば自然に発生したものに相違ありませんが、ひとたび仏教のように人間の心の世界に深くたち入ってみますと、これらのすべては人間の心をはなれては存在もせず、また存在の意義も価値もないのでありまして、これをすべての心のあらわれと見るところに、はじめてこれらの価値が発見されるのであります。これが仏さまの教えであります。

そこで、この教えによって破られるという地獄とは、どういうものかというと、地獄には、八寒八熱とか、血の池とか、無間《むけん》とか、恐ろしい所がたくさんあるとされ、地獄の図など見ますと身の毛のよだつような場面が描かれていますが、これらは客観的にこの世界の外に独立してあるものではなく、みな人間の心の迷いから出たものなのであります。昔の人は死んでから極楽へゆくとか、地獄へおちるとか信じて、喜んだりおそれたりしましたが、今日の人で地獄が死後のものであるなどと考える人はありますまい。地獄とは、私どもの心の迷いがもたらす苦しい暗い悲惨な生活のことであります。

ある人が一休さんに地獄極楽などほんとうにあるものですかときくと、一休さんは「たしかにある」といって、いきなりその人のくびをしめつけました。不意にくびをしめられたその人は息ができず苦しみもがきますと、一休さんは「それ、これが地獄だ」といって、今度はしめていた手をゆるめました。「ああ苦しかった、ああやれやれ」というと、「それが極楽ではないか」といったといいます。一休さんのされたことは、私どもの実際の生活の上に地獄の苦はあるのだというたとえであります。

お盆の施餓鬼の対象となるのは、餓鬼であって地獄ではないと思う人もありましょうが、餓鬼も地獄も、そのあらわれる迷いのもとも苦しみもだいたい同じであります。餓鬼のもとは貪欲　むさぼりであり、地獄のもとは愚痴――正しい道理のわからないおろかさであります。むさぼりがなぜ餓鬼のもととなるかというと、むさぼりは欲望や物や地位に対して必要以上に執着する迷いであります。人間は生きてゆくためにある程度の欲望もなくてはならず、物も入用でありますが、それはあくまでお互いの生活にうるおいやゆとりをもたせ、落ちつきを得たいがためで、物それ自体に価値があるわけではありません。

ところが人間は物に不自由をして苦しみますと、その反動として物がなくてはいけない、物さえあればという考えを起こし、物を得るために手段をえらばないようになり、ついには物を得るためには、自分の心の落ちつきをも失うまでになるのであります。そうなると本と末とあべこべになり、物があったらゆとりのある生活をし、他人をも喜ばせ、社会にも寄与してこそ楽しいのに、物がたまればたまるほど汚くなり、自分すら窮屈に、他人にも人情を欠き、社会にも義理を欠くというバカげた結果となり、はては親子夫婦の間ですら血で血を洗う争いを引きおこすのであります。

これは物がたくさんたまった場合でありますが、反対に物が乏しくて困っているときでも、この迷いのもたらす苦痛は同じであります。この頃よく物の乏しいために年寄りと若い人との間がうまくゆかない例を見ますが、これらもただ物が足らないだけでなく、その人たちの心の迷いが自分の欲望や感情の処理をうまくつけさせないからであります。その迷いがむさぼりであります。むさぼりの心はひとり物の上にはたらくばかりでなく、身びいきの考えとなってものごとを自分の都合のよいようにばかり考え、知らず知らずのうちに自分だけが正しいと信じこみ、これに従わない人はみな不正不義なやからだとさえ考えるようになって、はたの人がその独りよがりの意見に賛成しないと心からこれを憎み、どうしたらよいかともだえ苦しむのであります。自分が逆さになっているのを知らずに、他の人が逆さになっていると思うのであります。

こうしたことは、年寄りと若い人との争いの場合などに最も多いのであります。もともと親と子であったり、お祖父さんお祖母さんと孫さんであったりしたら、そんなに深刻に憎み合うはずはない。それが他人以上に憎み合ったりするのは、自分が正しいのにわかってくれない、どうかしてわからせねばならないという、愛情が裏付けとなった悲しみや憤りがさせるのであります。そうなると物のことなどどうでもよく、これがわかってもらえねば死ぬにも死ねないと、生きながら地獄の苦しみをするのであります。明けても暮れてもこの苦しみにさいなまれる、これが無間地獄であります。ここへおちこむとなかなか出られません。

こうして見ると、餓鬼と地獄とは別なものではありません。その根本の迷いを退治すればいっしょに片づくのであります。その方法が前にあげた「地獄をやぶる偈」の教えであります。人間のこうした迷いの根本は、自分というものがあると思い、それにとらわれて自他を区別し、愛したり憎んだりすることがもとであります。この偈の教えに従って、すべては心からであると見直すのであります。

もっともいきなりこういってもわからないかも知れませんが、仏教の修行をしますと、ここで見たり聞いたりしているこの心が、じきに前にいったように宇宙をつつんでいるというより、そのすべてが心のあらわれであることがわかるのであります。そうすると悪いと思う人も、憎いと思う相手も、みんなこの心の影であります。自分の影法師に腹をたてたり、つばきをかけるものがないように、この道理がよくのみこめればこの問題は解決し、苦しみからのがれることができるのであります。もちろん、自分がこう思えたからといって、相手がすぐにわかってくれるものではありませんが、それはただ時間の問題です。

先年こういうことがありました。ある奥さんが複雑な家庭の事情で苦しまれ、絶体絶命な境地に立たれました。私もお目にかかった刹那、これは！と思ったほど深刻な様子をしていられましたが、山に参籠《さんろう》して修行され、ついに一夜、前にいったような心境に達し、うれし泣きに泣いてよろこばれ、ちょうど秋のことでしたが、庭の隅に鳴く虫の声をきいて、「あれは虫が鳴くのではなくて私の声でありました」といわれました。そのひらけた心で家庭へ帰られましたら、そこへちょうど親しい友達が訪ねてきて、「まあ、あなたなにかあったの、なにかよいことがあったでしょう」というので、「どうして」ときますと、「あなたの顔は今日は輝いているわよ」といったそうです。もちろん、いろいろのことも都合よくとけてゆき、とても喜んでいられます。これで立派に地獄がやぶれたのです。この教えを生かして、お互いのことも、国と国とのことも、世界のことも解決してゆきたいものであります。

（法光　昭和二八・七）

正しい信心

この頃のいわゆる新興宗教の中には、人の家に病気や災難があると、あなたの宗教が正しくないため、先祖の霊魂が成仏できず、迷ってあなたにたたり、正しい宗教の信心に入って、成仏させてほしいという催促をするのだから、一日も早くこの宗教へ入りなさい、そうすればかならず病気は治り、災難も解消します、といってすすめるものがあります。それに従って改宗して、病気が治らず災難が解消しないときは、それはあなたの信心が足らないからだ、もっと心も物もみんな捧げる気になりなさい、そうすればかならず救われると、だんだん深みにつれこみ、ついには身ぐるみはがれてしまうのが多いのであります。

いったい、こういう迷信の誘惑にのりますのは、人間の死後の生活について正しい信念をもっていないからであります。仏教の信心では、人は誰でも仏と同じ心、すなわち仏心をそなえていて、その仏心は、お釈迦さまがお経におしめしのように、生まれることも死ぬこともなく、けがすこともきずつけることもできない尊いものであります。またそれは人の利口とか馬鹿とか、学問があるとかないとか、品行がよいとかわるいとかにもかかわりません。人にはそういう尊い仏心があるのであります。

この仏心を生きているうち、よく明《あき》らめた人が仏さまや祖師方でありますが、たとい自分で明らめないでも、この道理を信じて疑わず、人間はそういう尊いものであると思ってつまらない迷信に走らず、生きている間は、できるだけ善いことをし、悪いことをつつしんで暮らし、死ぬるときは、その仏心にたちかえるのだと思って、安心して死ぬのが肝要であります。

こういうと、ふだんの心の外に仏心があるように思うかも知れませんがそうではなく、私どもがものを思うも、ものを見るも、声を聞くも、起つも坐るもみなその仏心のあらわれであり、仏心のはたらきであります。私どもはいつでもどこでも、仏心とはなれることはないのです。いいかえれば、私どもは仏心の中に生まれて来て、仏心の中に住み、仏心の中に死ぬので、生きるも死ぬるも仏心をはなれないのであります。

それでは、そんな尊い仏心をそなえている私どもが、なぜ、したいと思う善いことはできず、しまいと思う悪いことはついしてしまうでしょうかというと、それは人間の歴史にまつわる大昔からの習慣で、盲目的にその肉体をかばおうとする考えがうごくからであります。その考えから、いろいろな執着《しゅうじゃく》や迷いがおこり、ついよくないと知りながら悪いこともするのであります。しかし、悪いことをしますと、他人は知らないでも、自分の心の中ではちゃんと知ってとがめております。悪いことをしながらも、仏心の光は決してくらまされてはいないのであります。そのかわり、善いことをしますと心のそこからうれしくなります。それは仏心が仏心らしくすなおにはたらくからであります。

他人や社会がなんと批評しましても、自分がよいと信じておりますと、少しも不安に感じないのも、やはり仏心に従っているからであります。

お釈迦さまは立派なお悟りをされた方であります。つまり仏心をよくお明らめになった方でありますが、そのお言葉のうちに、「有余涅槃《うよねはん》」「無余《むよ》涅槃」ということがあります。涅槃とは悟りということです。有余涅槃とは、立派に仏心を明らめて、自分の生活がすべて仏心のあらわれであると悟っても、この肉体のある間は、やはり肉体にもとづくわずらいがある。いくらできた人でも腹がへればひもじいし、暑い時は暑く、寒い時は寒い。

西行法師も、

すてはてて身はなきものと思えども、雪のふる日は寒くこそあれ

と歌いましたように、無余涅槃とは、悟りのできた人が肉体もなくなった時のことです。お釈迦さまがおなくなりになったことを涅槃に入られたといいますのは、この無余涅槃にあたります。もうサバサバとして少しのわずらいも不安もない、完全に仏心一つの世界であります。これはお釈迦さまのようにすっかりおできになった方のことですが、この道理はまだできていない私どもにもあてはまります。お互いはちゃんと仏心をそなえていて、その仏心は前にもいいましたように、死ぬこともなく、けがすこともできず、きずつけることもできない、完全無欠な尊いものです。

たとい悟らないでも、この仏心の尊いことを信じますと、悟ったと同じように安心もでき、死後についても不安はないのであります。生きているうちは執着や迷いもありますが、死によってそれらはきれいにたちきられ、立派に涅槃に入ることができるのであります。

お釈迦さまが涅槃にお入りになろうとした時、お釈迦さまの一人子のラゴラさまは、御修行もできた方ですが、やはり親子の情、いたく悲しまれました。お経にその時のことを、こんなふうにかいてあります。

「ラゴラはお釈迦さまがいよいよ涅槃に入られるときいて、いつも多くの星にかこまれた月のように、多勢の信者や弟子にかこまれて説法していられた、あの尊い父上の姿も、今日からはもう二度と仰ぐことはできないのだと思うと、胸もつぶれる思いで、その座にいたたまれず、裏の林の中へいって、ひとり涙にくれていた。これに気づかれたお釈迦さまは、ラゴラはどこにいますか、よんできてもらいたいと、ラゴラを枕辺によばれ、こう仰せになった。そなたもよく人の子としてなすべきことはなしてくれた。私も人の親としてなすべきはなしたと思う。そういう意味ではお互いに少しも悔ゆることはない。また私が涅槃に入ろうとするのを見て、そなたは悲しんでいるが、今まで肉体のある間は、そなたと同じ処にいることもできたが、はなればなれにいなくてはならないこともあった。しかし私が涅槃に入ったならば、そなたと同じ処に住んで、もう永遠にはなれることはないのだ。決して悲しむにはあたらないと、なぐさめられました」

これもすっかりおできなったお釈迦さまとラゴラさまだからそうであるのでなく、私どももも仏心の中に生き仏心の中に息をひきとるのでありますから、これと同じであります。生きている私どもの仏心の中にお釈迦さまも、ラゴラさまも、先祖も、先だった親兄弟もみな一緒に住んでいられるのであります。亡くなった人は仏さまであり、浄土においでになるというのはここをいうのでありまして、迷信の人の考えるようなつまらないおばけのようなものではなく、幽霊などは迷っている人の妄想からで、決して向こうにあるのではありません。したがって先祖の霊が子孫へたたるなどということはあるべからざることです。

ですからお盆やその他の供養なども、たたりがこわいからなどでするのでなく、ご恩のある方々に対する感謝や、生涯を不幸に送った人などへのいたわりの気持ちからするいとなみです。私どもは平生お世話になった先輩や親切をうけた友達に、お盆や正月を機会に感謝の意をあらわしますが、これのできることは幸せです。したくてもそういう先輩も友達もない人もありましょう。亡くなった人々にしてもそうで、そうした人々を忘れず感謝をささげますことは、実は自分の心の世界に、そういう尊いなつかしい人々がいつもおいでになることで、宗教の言葉でいえば法界を荘厳《しょうごん》することです。

よい掛物や置物が室を立派にするように、そうした心がけや行いは、私どものの暮らしをありがたさにみちたものにしてくれます。お経に「仏が仏を念じる」とあるのも、「深く禅定に入って十方の仏に見ゆ」とあるのも、その世界の様子です。仏教の信者の供養は決して邪教や迷信の人々のように、仏をこわがったり、たたるものと思ったりしてするのではありません。

そんな浅ましい考えの人があったら、正しく楽しい信心でみちびいてあげるようにしてあげましょう。

（法光　昭和三一・七）

信心第一

「元日やめでたきものに念仏かな」という古い句があります。私はこの句がすきです。それは人生に信心が第一であることをはっきりうたい、一面にくだらない迷信を踏みこえているからです。

わが国ではいつからのならわしか、仏事法事といえば不祝儀《ぶしゅうぎ》といって、めでたくないものとし、神の祭りといえばめでたいこととして、はしゃいで大さわぎをします。いったい、仏とはどういうもの、神とはどういうもの、と本当に考えてみた上でのことでしょうか。仏事法事にまつられるも人、神としてまつられるも人です。同じ人であるのに仏といえば祝わず、神といえば祝うとは、おかしなものです。

しかるに、この句の作者は自分の信心が念仏であるところから、元日はめでたい日である、元日こそお念仏して信心を喜ぶべきであるとして、なんの理由もなしにやっている一般のしきたりなどを超えて、自分の信心をうたっています。なにもりきんではいませんが、しっかりとした信念があらわれているのが、うれしいと思います。

いのちの問題は人間の大問題です。仏心の信心をきかない者には、この肉体のいのちのあぶなっかしさは、草葉の露、日の出の前の霜のようなもの、まったく不安そのものです。しかし、いつも申し上げるように、お釈迦さまの教えに従えば、お釈迦さまがお悟りになったのと同じ仏心は、人には一人の例外なくそなわっていて、仏心の上には死に生きということはないのです。

しかも仏心はいつも清らかに、いつも静かに、いつも明るい光明にかがやいていて、空間的には全宇宙をつつんでおり、時間的には昔の昔の大昔から、未来の未来の、果てしない未来までつらぬいているのです。お互いは、その尊い仏心の中に生まれ、仏心の中に住み、仏心の中に息をひきとるので、仏心のそとへは行きたくてもゆかれないのです。

昔から、善いことをすれば極楽に生まれ、悪いことをすれば地獄へ行くと教えていますが、これには多分に社会の秩序や道徳を維持するための考えも入っていたと思います。その証拠にには、そういう教えを説く浄土系の宗門でも、どんな悪人でも阿弥陀さまを信ずればば、かならず救って下さるといいます。阿弥陀さまとは「かぎりのないいのちの仏」ということで、私のいう仏心のことです。

仏心は決してその人の一時の迷いや悪い行いをしたために、けがれたりくもったりするものではありません。人がこの世で、迷ったり悪いことをしたりしますと、自分で自分の心を苦しめ、生きながら地獄の苦とはこんなかと思う苦しみに責められることがあります。それが地獄だといえば地獄はたしかにあります。しかし、死んでから地獄という別の世界へいって、火や水の責め苦を受けたり、血の池や剣の山をはいまわらされるというのは、人間の妄念をもって死後を想像した迷いです。

人は誰も仏心をそなえている。仏心にはそんな苦しみも悩みもありません。迷いが晴れればそんな世界はなくなります。たとえば暖かいふとんの中に、らくらくと寝ていて、こわい夢や苦しい夢を見るようなものです。夢の中では、たしかにこわいし、たしかに苦しいのですが、ハッと眼が覚めてみますと、なあーんだ夢かで、あともかたもないのです。

この死後の暮らしは、おそろしいもの、気味の悪いものという考えは、人間の知恵のすすまなかった時代は、どこの民族もいだいた考えで、それが死ぬのをいやがった理由の主なものでした。ですから、どんな宗教も死んだ後の苦しみから救われるとか、楽しい世界へ行けるとかいうことを目あてにしています。しかしそれが多くはいわれもない神々をたのめばとか、祀《まつ》ればとかいったのでしたが、お釈迦さまは御修行によって、誰にも仏心のあることを悟られ、仏心の尊いこと、安らかなこと、清らかなことをしめして、この世においても後の世においても、そんなあさましい世界は、断じてないことを教えられました。これはまったくたいしたことで、それまで長いあいだ人間をしばっていた、窮屈《きゅうくつ》な迷信のきずなをたちきって、人間に完全な自由と尊厳とをあたえて下さったのです。正しい教えのありがたさはここにあります。

仏心の信心は、こうして死後の安心をさせてくれるだけではありません。この信心がもてると自然と心がひろくなり、明るくなり、落ちついてきます。およそ人間の暮らしでこまることは、自分の心がうまくおさまらないことです。どうでもよいことに腹をたてたり、つまらないことにひっかかって、いつまでもくよくよしたりする。

ある学者はこの頃多い胃潰瘍《いかいよう》や胃癌《いがん》のもとは、夫婦喧嘩がおもなものだといっています。

つまり夫婦の間がうまくいかず、夫は妻に、妻は夫に対抗して心のしこりをこしらえる。そのしこりが胃に穴をあける結果になるというのです。これは一例で、世の中のごたごたは、たいがいその関係者の間に理解がないか、思いやりがないか、ついいたずらに感情をたかぶらせたとかが原因で、そのもとをただせば、お互いに心がせまく、落ちつきを欠いているからです。仏心の信心はこれを救ってくれます。

また仏心は前に宇宙をつつんでいると申しましたが、仏心の上から見ると、自分と他人とはほんのかりの姿で、もともと一つの仏心のあらわれです。かりにあやまちがあり、罪をおかすことがありましても、たがいに許し合っていかなくてはなりません。それができないと不幸せを繰り返し、だんだん大きくします。

お釈迦さまは、「恨みは恨みによってしずまらず、恨みは、恨みなきによってしずまる」といわれました。全くそうです。インドの指導者たちは表面は仏教徒ではありませんが、仏教の母国だけにお釈迦さまの精神をうけついでいて、こうした理解や信念は、世界のどの国の人にも見られない立派なところがあります。

もう亡くなったタゴール翁は、日本へかなり永く来ていられましたが、ある時、箱根へゆき、日本の友達が、曽我兄弟の仇討ちの物語をして、詩をつくってほしいと希望しましたら、「人々は憎しみ合った、人々は殺し合った、しかし、大地はこれを恥じて、緑の草をもってこれをおおうた」という意味の詩をつくり、日本の友達の気にはいらないであろうが、私は本当にこう思う、といわれました。

ガンジー翁が自分を狙撃した青年を許してやれと遺言したことは、どなたもまだ記憶にあたらしいことでしょう。ネールはサンフランシスコの平和会議の時、率先して日本が戦争によってインドに与えた損害に対しては、一文の賠償も要求しないと声明しました。これらはまったくお釈迦さまの教えの実践です。この立派な信念がありますから、インドのような後進国でも、ネールの発言は世界の指導者たちをうごかすのです。この間、来日しました時、わが国民が今まで外国の誰が来た時よりも尊敬と信愛とをもって歓迎しましたのも、その信念ある人格に対してです。

わが国でも、法然上人の父上は、自分を闇討ちにした武士を、かたきとして復讐することはするなと、幼い上人に遺言されたといいますし、お釈迦さまの教えを、身をもって実践された人々も少なくありませんが、教えの真理であることは知りながら、曽我兄弟や赤穂浪士の仇討物語をほめたたえる気持ちの強かったわが国民は、どうも感情的にすぎて、仏教の味わい方が浅かったように思えてなりません。

お互いが本当に幸せになり、人類がみんな幸せになるためには、やはりお釈迦さまの教えの中心である仏心の信心を、うんと深くかみしめ、身につけることが肝要だと思います。ですから、この信心をはげむ日は、元日も大晦日も、みな好い日であります。

ナムシャカムニブツ。合掌。

（法光　昭和三三・一）

母のこと・私のこと

この身すなわち仏なり

記憶に残る母の映像

かけがえのない母

故暁烏《あけがらすはや》敏師は、「十億の人に十億の母はあれど、わが母にまさる母あらめやも」と歌われた。暁烏師の母は特別優れた人でもあったであろうが、人の子にとって母はみな「わが母にまさる母のあらめや」である。それは母の賢愚でも美醜でもない。母は子にとって唯一の母であるからだ。文字どおり、天にも地にもかけがえがないからだ。

だが人間の運命はまちまちだ。暁烏師のように自分が立派に成人するまで母が生きていられ、十分に母子の愛情をくみかわし、感謝し合う因縁をもたれた幸福な方もあれば、私のようにわずかに数え年五歳、まとまった記憶ももつことができない間に死別するものもある。

……しかしそれでも、全く母の顔を見ることもなく別れる運命をもった人から見ればまだましであろうが……。だから私がいだいている母の記憶は、きわめて不鮮明なものであり、また不完全なものだ。しかしそれでも、私にとっては大切な母のかたみであり、母そのものだ。母が死なれた時は、まだ悲しいこともわからなかったが、大きくなり母への思慕の情がまさるにつれ、そのたわいない断片的な記憶は、そのつど、繰り返されて、六十歳をすぎた今日でも、昨日のように思い出されるものとなった。

私の郷里は駿河国興津在の和田島という山村である。明治二十四年一月九日に六人兄弟の姉四人、兄一人をもつ末弟として生まれた。父の名は源十、母の名はふみ、母は庵原村広瀬の杉山家から嫁して来た人で、身体は中背の気性は快活な、容色も十人なみの人であったそうだ。母は私が生まれて四年と九カ月の明治二十八年十月五日に亡くなった。

それでも、その間の母の記憶はいくつかある。ある時、母につれられて畑へ行く道すがら、私が祖父《じじ》（といっても父の叔父）に作ってもらった菅笠をかぶった自分の影が道にうつっていて、その後から母がついて来つつあるのだと思ったこと。ある夏の夕方、庭で兄と行水をしていると、母が家から出たり入ったりしていた時のこと。どうしてであったか経過はおぼえていないが、私が蜂に左の手の掌をさされて泣いていたのを、母がおぶって隣村に嫁にいっていたいちばん上の姉の家にいく途中、隣りの部落のはずれの林の中を通る時、母の背中でつくづくはれあがった自分の手の掌を見たこと。

母は脹満《ちょうまん》という病気で亡くなられたが、ある時みみずばれになった足を出してならべ、こんなになったとなでていられたこと。——などがある。これらが私にとっては、かけがえのない母をしのぶ資料であって、母の全貌は浮かばなくとも、こんな断片的記憶が、一つひとつ母の体温にふれるように思える。親子の情は不思議である。

父の思い出

これに比べると、父の死は明治三十年三月九日であるから、母よりも一年半も長く生きていたわけであるが、その記憶の数は母よりもかえって少ないのは妙である。幼児にとって父と母とは、それだけ親近感に相違があるのであろう。父は死ぬまでちょんまげを結っていた。これは父が頑固な性質というより、父が信じていた丸山講という神道の影響であったと思う。父の妹のかたづいた隣村小川村の深沢叔父夫妻もやはり丸山講であった。

私の家には仏壇は仏壇であり、床の間には神棚があって、私は父とともに毎朝、神棚の前で、丸山講の唱題ともいうべき「天明開天」という言葉を繰り返して唱えさせられ、腹が痛いというと神さまの御符のきわめて小さな紙に赤い点の捺してあるものを清水に浮かべて飲まされた。それで病気が治ると信じていた。

父は酒がつよく、客があるとよく飲んだ。ある時、私にも飲ませ、外へ出ると桑畑がうごくので驚いた。つまり酒に酔ったのだ。そんなバカなこともあり、父は脳溢血で亡くなられた。その時、八十を越えていた大叔父が、「なぜ私をおいて先に逝《い》ったのだ」といって、大声で泣いたのを、痛ましい思いできいていた。

父母の生前の記憶はこんなものであるが、父の亡くなった後、兄が年少であったので、親類相談の結果、分家していた叔父が私の家へ後見として入り、駿河半紙の製造をやや大規模にやり、それが失敗したため傾きかけていた私の家はたちまちに破産、私たちは執達《しったつ》吏《り》というものをはじめて知った。おまけに母屋は売り払われ、物置に住むようになった。

叔父は頭脳も明晰で、村中では学問もすぐれ、ことに珠算ではずば抜けた力があるといわれた人であった。しかし、本家を復興しようとして逆に失敗したのと、後妻の人とうまくいかなかったので、酒をやけくそにあおり、家に帰ると子供を叱るので、私と兄ばかりでなく、叔父の実子の従姉妹《いとこ》たちも、叔父の酒を飲んだ姿が見えるとぞっとして生きた心地はしなかった。

私の家は農家であるが、祖父まで手習師匠をしていたそうで、私の父や叔父もその当時としては学問のある人とされ、また同じ酒でも父はいくら飲んでもおだやかに、にこにこしている人であったそうだ。こうした生活の中でも、両親がないという孤独感と一種のひがみは、こんな記憶を残している。ある夏の暑い日に、たぶん学校の休みの時であったろう、荻の芽とよぶ山畑へ私と兄とは仕事にやらされた。

そこは両親の墓のあるところをとおって行く。二人はもちろんお墓に参った。そこからは村の中央を流れる興津川が一目に見える。川では私の友達が楽しげに泳いでいる。ふだんから弟思いの兄は、今日も遊びたい盛りの私を、山の仕事につれていくのをふびんに思っていたやさき、私の友達の楽しそうな姿を見て、「お父さんやお母さんがいたらなァ」といって、私の手をとって泣かれ、私も兄にすがって泣いたことがある。

わが出家の因縁

こうした孤児としての淋しい生活のうらには、つねに両親への思慕と、両親の死後はどんなであろうという考えがひそんでいた。

ある時、姉たちが巫女《みこ》をよんで両親の霊を呼び出してもらった。その時、いろいろのことをきいたが、その中で、「お前たちのような幼い者をあとに残して死んで、始終草葉の蔭から案じている」という意味の言葉が頭に残った。草葉の蔭からというからは、父や母がなにかの虫にでもなっているのであろうかと、後にはお墓へ参ると、その周囲の草の根方に注意したりした。この巫女のことは前に記した兄と悲しんだりした年齢よりは、ずっと前のことである。

それからある夏の夜、近くの家の庭で遊んでいると「ざぁー」というものすごい音がきこえて、長い尾をひいた火の玉が両親の墓のある丸山の方面へ走っていった。その時分の人はこれを人魂といった。これを目のあたり見た私は、やはり父や母の死後の生活となにかかかわりがあり、私にだけ見えたのかとすら考えた。

数え年で、九歳の時、二月十五日の涅槃会《ねはんえ》にお寺へ友達とお参りをし、はじめて釈尊の涅槃図を拝んだ。私の菩提寺も臨済宗であって、その涅槃図はまことに立派なもので、私が絵画としてああした立派なものを見たのはそれが最初であった。涅槃図はいうまでもなく釈尊が入滅される時、人間のあらゆる階級の人々から、鳥や獣までが泣き悲しんでいる、すばらしい情景が描かれている荘厳な宗教画である。私はこれを拝んで、まったく驚き、圧倒されたような気分になった。

それで和尚さんと、こんな会話をした。

「これはどういう絵ですか」

「これはお釈迦さまが涅槃に入られたところだ」

「なぜこんなに皆が泣き悲しむのですか」

「お釈迦さまは世界でいちばん知恵のすぐれた、いちばん慈悲ぶかい方であるから」

と。感歎しながら画面を見ているうち、その中央の立派な寝台にひじを枕におやすみになっているお釈迦さまは、とても丈夫そうな肉づきであり、そのお顔も少しも死んだ人の顔のようでない。私はまた、たずねた。

「お釈迦さまはおかくれになったというのに、死んだ人のように見えないのはどういうわけですか」

「それは、お釈迦さまはお亡くなりになったが、本当はお亡くなりになったのではない。だから死んだ人のようにはかいてないのだ」

と。この和尚さんの答えが、私には不思議でたまらなかった。お釈迦さまはえらい方だから特別に死んでも死なないのか、それとも私の父や母も死んでも死なないのであろうか。しかしこれは和尚さんにはたずねなかった。が、まもなくまた、これに関連したことをきく機会が来た。

それは私の郷里は茶の産地であり、茶の季節には若い茶師・茶摘みとよばれる男女の移動部隊が他の地方から入ってきて、村は祭りのようににぎやかになり活気をおびる。私たち子供も手伝わされたが、その若人たちによって歌われる茶摘歌の中に、「死んでまた来るお釈迦の身なら、死んで心が知らせたい」というのがあった。私はこれをきいて、やっぱりお釈迦さまは死んでも死なれず、死んでからも出てこられたのかと思った。

太三郎さんという隣家の大人に、「死んでまた来るというが、お釈迦さまは死んでからどんなふうに出てこられたでしょうか」とたずねてみた。ところがその答えは、いたく私を失望させた。それは、「そうではないか、お釈迦さまは二月十五日におかくれになって、四月八日にお生まれになったのだから」と。大人は冗談のつもりであったかも知れないが、私は「この人も本当のことがわからないから、こんなことをいうのだろう」と思い、他の人にもきいてみたがやはり要領を得なかった。しかし私は歌の文句にあるのだから本当であろうと思った。

これが私の生涯を、僧侶に導いた契機となった。このことについてはこれでおいて、私が成人して後の母への追憶の情がどんなものであったか、そのいくつかをここにしるしてみる。

子をもちて

私は、禅宗の伝統を破って妻帯し、二男一女の父となった。長男が五歳の年、母の祥月命日である十月五日の前夜、奇しくもこの日は宗祖達磨大師の御正当忌日の宿忌（おたい夜）でもあるが、私は母のためにもささやかな供養の品々をそなえ、ひとり静かに読経し回向した。

回向を終えて思うともなしに母のことを思った。ふと、母の亡くなられた時は私がちょうどいまの長男の年齢《とし》であったことを思い、私がいま死なねばならないとしたらばと、頑是ない子供の上に思いをはせると、男の私ですらたまらないのに、母はどんなに私のことが気にかかったであろう、どんなに悲しくても母は、私をおいて行かねばならなかったのだ。その時の母のつらさはどんなであったかと。「ああ、可哀そうなお母さん」と、私は霊前に泣き伏してしまったことがある。

子をもって知る親の恩というが、私はそれまでも母のことを思って慕いもし悲しみもしたが、それはこういうとき母が生きていたならばという、あくまで自分を中心にした、だだっ子として母に求める立場からであった。しかしこの夜の涙は、私が子をもったことによって、母と対等の立場に立ち、母を悲しい運命をもった人間の一人として、いたわってあげ、可哀そうであったと同情してあげた涙であり、過去にいく度か流した涙とは全く異なったものであった。

また娘が二歳ぐらいの時、ある夏の夜であった。私が書斎で書見していると、庫裡《くり》のほうで子供が眼を覚ました気配がする。行ってみると案の定、女の子が蚊帳の中で、うすい掻巻《かいまき》から上半身を出して眼を覚ましている。私はそっと蚊帳に入り、かいまきをかけて、かるく上から手でたたいて、子供を寝かしつける時の仕草をした。

それで寝ついてくれるかと思っていると、子供は自分でかいまきを顔にかけて、片言で、「ああちゃん！」と、小さい声で、しのびやかによぶ。私は父の姿がそこにあるのに、それでは満足できず、そこにいない母を求めてよぶこの声をきいて「ああそうだ、子供にとっては母でなくてはだめなのだ、母の姿がなければ名でもよばずにはいられないのだ」と、その子供の心持ちのいじらしさに、家内をよんでみたが返事がない。ついに私は子供を抱きおこし、両手に抱いて、どうか子供の気がまぎれて寝てくれればよいと思いながら、しずかに書院の廊下を往ったり来たりした。

ところがしばらくすると子供は、また「ああちゃん」と呼ぶではないか。私はこれをきいて、「ああ子供にとって母はすべてなのだ、天でもあり地でもあるのだ」と、全身しびれるような感激につつまれ、心の中で、「世の中の人の子の母である人たちよ、どうか子供たちのために、健康であっていただきたい」と心に叫ばずにいられなかった。

そして、子供を両手で抱いているので、頬をつたわる涙を拭こうともせず、私はその感激にひたって歩きつづけていた。するとどこからきたか、家内が私のそばに近寄り、私の涙を見て「どうなすったのですか」と問うたので、私はありのままに今までのことを話した。

こんなことも、男性としては少しく異常な感情かも知れないが、私の幼少の時に死別した母への思慕の情が、形を変えて尾を引いているのであろう。次のことのようなのは、たしかにそうだと思う。

あるとき、円覚寺を下りて街道へ出ると、鎌倉のほうから小学校の遠足の子供が列をなして来た。それがどの子もちゃんとした身なりをし、お弁当をもっていかにもうれしそうである。私はその子供たちを見て、「ああこの子供たちに、それぞれこんなによく世話をしてくれる母親があるとは、なんとありがたいことだろう。もしなかったらどうだろうか」と、そのことが感謝しても、感謝しても足りないことのように思えて、道に立ちどまっていたことがある。

十二歳（数え年）で寺へ入り、慈愛ぶかい師匠の元でそだてられて、両親はなくとも幸いにひねくれた性情ももたずにすんだと感謝している私ではあるが、少年期に母のなかったことは、やはりどこかに特殊な性情をもたらしているようだ。しかし私はそんな私をみずからいつくしみこそすれ、決していやだとは思っていない。

世の中には人間的幸福にめぐまれすぎて、人間のいとおしさのわからない人もたくさんいる。それに比べれば、どれだけ私は幸せであろう。まして私が宗教生活に入り得たのも、こうした因縁があったればこそである。今では何もかも感謝しなければならないことばかりだ。世の中には私に似た親のない人もあろうが、どうか勇気を出して下さい。

（女性佛教　昭和三一・六）

あとがき

「禅は仏教の総府である」といわれる。その禅の立場から「安心《あんじん》」の真髄を余すところなく説いた『佛心』は、仏教を総括する珠玉の名著であり、先師の数多《あまた》の著作の中でも、会心の作である。

絶版になってからも『佛心』は無いのですかという問い合わせが多かった。仏教の安心が平易に説かれているので、宗派を問わず、法要の引出物や、病人への見舞い、悩める友人への贈り物と多くの方がお求めになっていた。

私自身は雲水時代に、ゲラ刷りの校正でうんざりするほど読まされているので、刊行されてからは読んでいなかった。こんど目を通し、なるほど名著であるわいと気がついた。

「一騎当千」という言葉があるが、『佛心』はまさに「一書当一切経《いっしょとういっさいきょう》」と言い得る。万巻の仏教書を読破するに勝る法悦を得られると思う。

平成八年六月十八日

円覚寺派管長　足立大進

本書は、一九五九年四月に小社から刊行された『佛心』から、内容の重複する部分を一部割愛して、新たに組み直した新版です。

著者紹介

朝比奈　宗源（あさひな・そうげん）

明治24年　静岡県清水市に生まれる。
明治35年　興津清見寺坂上真浄老師に就いて得度。
大正６年　円覚寺古川堯道老師に参禅嗣法。
昭和17年　円覚寺派管長に就任。
昭和54年　遷化。世寿八十八歳。
著書　『臨済録』『碧巌録』『無門関提唱』『獅子吼』他多数。

佛　心

1959年4月20日　初　版第1刷発行
1996年7月30日　新　版第1刷発行
2023年4月20日　新装版第1刷発行

発行者＝神田　明
発行所＝株式会社春秋社
〒101-0021　東京都千代田区外神田2-18-6
電話　(03)3255-9611(営業)　(03)3255-9614(編集)
振替　00180-6-24861
https://www.shunjusha.co.jp/
印刷所＝株式会社丸井工文社
製本所＝ナショナル製本協同組合
装　幀＝鈴木伸弘

ISBN978-4-393-14444-2 C0015　　Printed in Japan
定価はカバーに表示してあります